邵雍全集

［宋］邵雍 著
郭彧 于天寶 點校

皇極經世 上

邵堯夫
朱子贊先生像曰天挺人豪英邁蓋世駕風鞭霆歷覽無際手探月窟
足躡天根閒中今古醉裏乾坤

壹

上海古籍出版社

圖書在版編目(CIP)數據

邵雍全集/(宋)邵雍著;郭彧,于天寶點校.—
上海:上海古籍出版社,2016.3 (2022.10 重印)
ISBN 978-7-5325-8016-3

Ⅰ.①邵… Ⅱ.①邵… ②郭… ③于… Ⅲ.①邵雍
(1011～1077)—全集 Ⅳ.①B244.31

中國版本圖書館 CIP 數據核字(2016)第 046983 號

邵雍全集
(全五册)
[宋]邵 雍 著
郭 彧 于天寶 點校
上海古籍出版社出版、發行
(上海市閔行區號景路 159 弄 1—5 號 A 座 5F 郵政編碼 201101)
(1)網址:www.guji.com.cn
(2)E—mail:gujil@ guji.com.cn
(3)易文網網址:www.ewen.co
常熟人民印刷有限公司印刷
開本 890×1240 1/32 印張 83.5 插頁 25 字數 1,350,000
2016 年 3 月第 1 版 2022 年 10 月第 7 次印刷
印數:3,601—4,200
ISBN 978-7-5325-8016-3
B·937 定價:298.00 元
如有質量問題,請與承印公司聯繫

前言

一、邵雍的生平成就

邵雍，字堯夫，人稱安樂先生、百源先生。北宋真宗大中祥符四年（辛亥年，公元一〇一一年）十二月二十五日（辛丑月甲子日甲戌辰）生於衡漳（今河南林州康節村），卒於熙寧十年（丁巳年，公元一〇七七年），享年六十七歲，卒謚康節。幼年隨父邵古遷共城（今河南輝縣），三十七歲時移居洛陽。奇才蓋世，人品峻潔。名流學士如富弼、吕公著、程頤、程顥、張載等皆與之交遊，司馬光待之如兄長。以隱居不仕著稱。著有《皇極經世》《伊川擊壤集》《漁樵問對》等。其學問精湛，融會貫通，尤精於《易》，並創立先天之學。後人尊稱「邵子」。

邵雍祖上姬姓，出於召公世系，爲周文王後代。他早年即胸懷大志。居共城時，其母李氏過世，他便築廬於蘇門山，布衣蔬食守喪三年。時李挺之爲共城縣令，聽說邵雍好學，便造訪其廬。邵雍遂拜其爲師，從學義理之學、性命之學與物理之學。數年之後，邵雍學有所成，但不事張揚，所以瞭解他的人很少。時有新鄉人王豫同邵雍論學，他自恃自己學問足可當邵雍之師，誰知議論過後卻深爲邵雍的學識所折服，於是便虔誠地拜其爲師。邵雍移居洛陽之後，所悟「先天之學」進一步完善，又收張崏等爲弟子，傳授《先天圖》及「先天之學」。

邵雍四十五歲時娶王允修之妹爲妻，後二年得子，名伯溫。嘉祐六年，邵雍五十一歲時，丞相富弼讓邵雍出來做官，甚至説「如不欲仕，亦可奉致一閑名目」，被他婉言謝絶。當時神宗下詔天下舉士，吕公著、吴充、祖無擇等人皆推薦邵雍，朝廷連下三道詔書，任命邵雍爲秘書省校書郎、潁川團練推官。邵雍再三推辭，不得已而受官，又稱病不肯赴職。

邵雍在洛陽閑居近三十年。冬夏則閉門讀書，春秋兩季出遊。樂天知命，常以詩言志，以園林景色、醇酒茗茶自娱平生。一心效法聖人，觀物得理，究天人之際，立言不朽。嘗有詩云：「秖恐身閑心未閑」「若藴奇才必奇用，不然須負一生閑」。的確是一位具有遠大抱負的儒者。

邵雍不支持王安石所推行的新法，但也不公開反對。他把這種不滿的心情通過吟詩唱和的形式表達出來。如「自從新法行，嘗苦樽無酒」「杯觴限新法，何故便能傾」「侯門深處還知否，百萬流民在露天」等詩句，反映了他對待新法的態度。他也是一位能夠權變知時的智者。有門生故舊爲反對新法要「投劾而去」，他勸説道：「此賢者所當盡力之時，新法固嚴，能寬一分，則民受一分賜矣。投劾何益耶？」

二程兄弟與邵雍同巷里居住近三十年，世間事無所不論。程顥嘗説：「堯夫於物理上盡説得，亦大段漏他天機。」又説：「堯夫之學，先從理上推意，言象數，言天下之理。」以「内聖外王之道」評價邵雍之學，以「振古之豪傑」評價邵雍其人。

熙寧十年三月，邵雍有病，後臥牀百餘日而不能起。至七月四日病危，五日淩晨去世，享年六十七。遺囑命治喪之事從簡，一如其父，葬從伊川先塋。邵雍病中，司馬光前來探視。邵雍對他說：「某病勢不起，且試與觀化一巡也。」司馬光寬慰他：「堯夫不應至此。」邵雍說：「死生亦常事耳。」當時正值張載從關中來，他給邵雍診脈後說：「先生脈息不虧，自當勿藥。」又要給邵雍推命吉凶，說：「先生信命乎？載試爲先生推之。」邵雍回答：「世俗所謂命者，某所不知，若天命則知之矣。」張載說：「既曰天命，則無可言者。」邵雍《閑行吟》云：「買卜稽疑是買疑，病深何藥可能醫。夢中說夢重重妄，牀上安牀疊疊非。列子御風徒有待，夸夫逐日豈無疲。勞多未有收功處，踏盡人間閑路岐。」可見他是一個不信世俗之命，不搞卜筮稽疑那一套智數的儒者。程頤前來探病，說：「先生至此，他人無以致力，願先生自主張。」邵雍說：「平生學道固至此矣，然亦無可主張。」又說：「正叔可謂生薑樹頭生，必是生薑樹頭出也。」其時邵雍聲息已很微弱，就舉起兩手做手勢，程頤不明白，問：「從此與先生訣矣，更有可以見告者乎？」邵雍說：「面前路徑常令寬，路徑窄則無著身處，況能使人行也！」邵雍病重之中猶有「以命聽於天，於心何所失」「唯將以命聽於天，此外誰能閑計較」「死生都一致，利害漫相尋。湯劑功非淺，膏肓疾已深。然而猶灼艾，用慰友朋心」等詩句，足見他對待生死的樂天態度。

邵雍去世後，邵伯温請程顥爲其父作墓誌銘。程顥月下踱步於庭，思索良久對程頤説：「顥已得堯夫墓誌矣。堯夫之學可謂安且成。」遂於墓誌中有「先生之學爲有傳也」「語成德者，昔難其居。若先生之道，就所至而論之，可謂安且成矣」等語。哲宗元祐中，賜謚「康節」。歐陽修之子歐陽棐作謚議：「君少篤學，有大志，久而後知道德之歸。且以爲學者之患，在於好惡先成於心，而挾其私智以求於道，則蔽於所好，而不得其真。故求之至於四方萬里之遠，天地陰陽屈伸消長之變，無所不可而必折衷於聖人。雖深於象數，先見默識，未嘗以自名也。其學純一不雜，居之而安，行之能成，平夷渾大，不見圭角，其自得深矣。按謚法，温良好樂曰康，能固所守曰節。」南宋咸淳三年正月，封邵雍爲新安伯，從祀孔廟。

程顥、張峫、歐陽棐皆評價邵雍之學「純一不雜」，則是因其學問不雜以「智數」。脱脱《宋史》將邵雍列入《道學傳》，李贄《藏書》將邵雍列入《德業儒臣傳》，則表明邵雍是有宋道學（或稱理學）的大家。邵雍亦自云：「君子之學，以潤身爲本，其治人應物皆餘事也。」又云：「物理之學既有所不通，不可以强通。强通則有我，有我則失理而入於術矣。」又云：「爲學養心，患在不由直道，去利欲。由直道，任至誠，則無所不通。天地之道直而已，當以直求之。若用智數由徑以求之，是屈天地而循人欲也，不亦難乎！」脱脱對此也有評論：一些人「因雍之前知」就説邵雍能從一切物體的聲音、氣色、動作方面推其吉凶之變，於是就摘取人世間那些已經發生的事，説邵雍都有言在先了。其實是「雍蓋未必然也」。對於邵雍的「遇事能前知」，程頤的分析是：「其心虛明，自能知之。」

邵雍作爲宋代著名的理學家、易學家、詩人、先天學説的創始人，與周敦頤、張載、程顥、程頤并稱「北宋五子」。他的著述及其所反映的理學思想，在中國哲學史、易學史及宋明理學史上均佔有重要地位。邵雍弟子張峪述邵雍行狀曰：「先生治《易》《書》《詩》《春秋》之學，窮意言象數之藴，明皇帝王霸之道。著書十萬餘言，研精極思三十年，觀天地之消長，推日月之盈縮，考陰陽之度數，察剛柔之形體，故經之以元，紀之以會，參之以運，終之以世。又斷自唐虞，迄于五代，本諸天道，質以人事，興廢治亂，靡所不載。」

二、邵雍的《皇極經世》及其先天之學

邵雍的易學成就，主要表現在「先天之學」方面。邵雍創建了先天象數學理論，成爲後代先天象數學派的開山者。邵雍以後湧現出一大批著名的象數學者，著名的宋代有王湜、張行成、祝秘、廖應淮，明代有朱隱老、黄畿，清代有王植、何夢瑶等。這些學者從不同的向度發揮或發展了邵雍的先天象數學説。

以先天學説爲基礎構建起來的《皇極經世》，是邵雍思想的代表作。該書體系龐大，内容涵蓋宇宙生成論、自然觀、歷史觀和社會政治理論等。關於「皇極經世」的含義，朱伯崑先生認爲，「其所謂皇極經世，即按三皇所立的至高法則，觀察和推測人類歷史的變化以御世。因爲此法

則爲伏羲氏所立，故又稱其易學著作爲《皇極經世》」。「皇極」最早出現在《尚書・洪範》中，有「建用皇極」「惟皇作極」的表述，言治道則上推三皇，有追尋道統本源之意；「經世」，是經邦濟世、治理人世之意。該書力求構造一個囊括宇宙、自然、社會、人生的完整的觀念體系。這是一個最高法則，以此，上應宇宙、下應人事而不惑。

邵雍把從傳説中的帝堯即位之甲辰年，到五代後周顯德六年己未（公元九五九年）這三千多年的重大歷史事件編在《皇極經世》書中的元會運世時間體系中。該書通過編年的形式表達作者的歷史哲學。作者中年以後卜居洛陽安樂窩，與司馬光、二程等名流吟詩唱和，探討學問，編撰《皇極經世》的思想構架就是在這一段時期形成的。與此同時，由於王安石變法，司馬光政治失意，亦隱居在洛陽，與邵雍爲鄰。司馬光著名的《資治通鑒》亦是在這個時期成書。司馬光非常尊重邵雍的學識，待之如兄長。《皇極經世》與《資治通鑒》在表達歷史哲學方面有異曲同工之妙。

邵雍受到《易傳》思想的啟發，對其思想加以發揮敷衍，成爲《皇極經世》最主要的思想來源。比如受到「天地定位」章啟發開出的「先天圖式」，從「易有太極，是生兩儀，兩儀生四象，四象生八卦，八卦定吉凶」而展開的八卦生成思想。老子的《道德經》中也提到「一生二，二生三，三生萬物」「人法地，地法天，天法道，道法自然」。揚雄通過擬《易》而作《太玄》，北周衛元嵩作《元包經傳》。邵雍的《皇極經世》，就是努力構造自己時空觀體系的一部書。在該體系中，表達了作者對歷史上的朝代消長、興替，萬物的存在狀態的看法，用其子邵伯温的話説就是：「窮日月星辰飛走動植之數，以盡天地萬物之理；述皇帝王霸之事，以明大中至正之道。陰陽之消長，古今之治亂，較然可見矣。故書謂之《皇極經世》，篇謂之《觀物》焉。」

朱熹云：「程、邵之學固不同，然二程所以推尊康節者至矣。蓋以其信道不惑，不雜異端，班於温公、横渠之間。」余敦康先生頗爲推崇邵雍的「宇宙意識與人文情懷」，認爲邵雍的「宇宙意識有似於道家，這種人文情懷就有似於儒家了」，稱讚邵雍是一個「儒道兼綜的人物，雖曠達而仍有執著的人文情懷……他的先天之學是一種内聖外王之道」。

今人研究邵雍的思想，如果想要全面準確地把握，那就必須對邵雍著作做深入研究。邵雍博大精深的思想對中國哲學史、易學思想史有着深遠的影響。邵雍的人文情懷、安樂精神和真善境界，不僅對後世易學家、理學家產生了重要影響，而且對當今的世俗人生仍然有着可資借鑒的意義。

劉師培在《漢宋學術異同論》中説：「宋人象數之學，精語尤多……而邵子《觀物内篇》曰『象起於形，數起於質，名起於言，意起於用』，其析理尤精，遠出周、張之上。又以水火土石爲地體，以代《洪範》之五行，地質之學已啟其萌。此則宋儒學術遠邁漢儒矣，與荒渺不經之説迥然殊途。」

三、《伊川擊壤集》及邵雍的詩學成就

《伊川擊壤集》這部詩集表達了邵雍「自樂」和「樂時」的思想。邵雍追求宇宙和人類的最高「至理」，亦即追尋人類社會發展的本源規律，從而使自己的思想得到安頓，獲得精神上的「安樂」。《伊川擊壤集》以文學詩歌的形式表現其哲學思想，其精神實質與《皇極經世》是一致的。

邵堯夫喜飲酒吟詩，「興至輒哦詩自詠」。《四庫提要》以爲「邵子之詩，其源亦出白居易，而晚年絶意世事，不復以文字爲長，意所欲言自抒胸臆，原脱然於詩法之外」。歷代有人喜愛其詩，南宋大詩人辛棄疾有《讀邵堯夫詩》云：「飲酒已輸陶靖節，作詩猶愛邵堯夫。」元代虞集早年斗室攻讀，書「邵堯夫詩」，將書室題爲「邵庵」，被人尊稱邵庵先生。邵堯夫詩形成「擊壤體」，仿效者又形成「擊壤派」，是我國古代理學詩派最重要的一支，流行宋、明數百年之久，在日本也頗有影響。

《擊壤集》卷首有康節自序，自謂其詩「不限聲律，不訟愛惡，不立固必，不希名譽，如鑑之應形，如鐘之應聲」，「哀而不傷，樂而不淫，雖吟詠性情而不累於性情，不同於一般詩人之作也。康節之詩，學白居易，平白如話，味薄意淡。朱國禎《湧幢小品》謂「佛語衍爲寒山詩，儒語衍爲《擊壤集》」。宋人多於詩中言哲理，康節實肇其端。

邵堯夫以詩言理，然不出於勉強，更有不少詠史詩闡述他對歷朝興廢的看法、對歷史人物作用的探究，其中《觀大棋吟》、《經世吟》等均爲詠史詩長篇巨作，爲中國詩史所罕見；寫景詩數量也不少，無論是出遊山水還是居家即景遣興，都可見他對四時物象觀察的細緻，更有部分是借景發明其理學觀；還有些詠懷詩，寫他安貧守道的生活狀態，辭官不做的決心，對名利的鄙夷，及對世態人心的看法；還有一部分爲唱和詩，表達他對友人的尊敬、感謝、勸誡；更多的是自述心跡與行止。其詩集中不少箴言直指人心，即便在今天，對人們認識人生與社會，仍有相當的意義。從文學史方面來看，其詩學觀、詩的文學價值，以及「擊壤體」的形成，都大有研究的必要。

總目

前言……………………………………一
邵子全書序……………………朱國禎　一
刻邵子全書序…………………徐必達　一

皇極經世

點校説明…………………………………一
皇極經世卷第一…………………………一
皇極經世卷第二………………………四七
皇極經世卷第三……………………一一八
皇極經世卷第四……………………一五七
皇極經世卷第五……………………三二六
皇極經世卷第六……………………四七九
皇極經世卷第七……………………六五二
皇極經世卷第八……………………七七六
皇極經世卷第九……………………八九九
皇極經世卷第十…………………一〇二三
皇極經世卷第十一………………一一四六
皇極經世卷第十二………………一一七七
附録
皇極經世系述…………………邵伯温　一二四七
皇極經世觀物外篇衍義
……………………………………張行成　一二五一
道藏輯要之皇極經世書…………一四四一
四庫全書總目皇極經世書提要
…………………………………………一四七〇
四庫全書子部術數類皇極經世書

提要……一四七二
皇極經世三簡表……郭彧製　一四七四
皇極經世夏商周年表……郭彧製　一四七八
邵雍六十四卦易數表……郭彧製　一四八四

伊川擊壤集

點校説明……一
伊川擊壤集序……一
伊川擊壤集卷之一……一
伊川擊壤集卷之二……一四
伊川擊壤集卷之三……三一
伊川擊壤集卷之四……四九
伊川擊壤集卷之五……六四
伊川擊壤集卷之六……八二
伊川擊壤集卷之七……一〇二
伊川擊壤集卷之八……一二五
伊川擊壤集卷之九……一四五
伊川擊壤集卷之十……一七六
伊川擊壤集卷之十一……二〇〇
伊川擊壤集卷之十二……二二七
伊川擊壤集卷之十三……二四八
伊川擊壤集卷之十四……二七四
伊川擊壤集卷之十五……二九〇
伊川擊壤集卷之十六……三一二
伊川擊壤集卷之十七……三三七
伊川擊壤集卷之十八……三六〇
伊川擊壤集卷之十九……三八七
伊川擊壤集卷之二十……四〇九
伊川擊壤集外詩文……四二九

附録

擊壤集引……四七八
伊川擊壤集後序……四七八
題伊川擊壤集後……四八〇
四庫全書總目擊壤集提要……四八一

邵雍資料彙編

墓誌銘、行狀、傳記、年表

邵古墓誌銘……陳繹 三
邵堯夫先生墓誌銘……程顥 五
康節先生行狀略……張崏 八
宋史邵雍傳……一〇
宋史紀事本末邵雍傳……一三
藏書邵雍傳……李贄 一五
邵雍年表……郭彧編 一八

邵伯温、邵博論邵雍

易學辨惑……邵伯温 二九
邵氏聞見録(摘録)……邵伯温 四一
邵氏聞見後録(摘録)……邵博 六六

二程、朱熹論邵子之學

二程論邵子之學……七七
朱熹論邵子之學……八五

文淵閣四庫全書所見邵雍資料

經部……一四三
史部……一九三
子部……三〇六
集部……三六五

宋元學案之百源學案

宋元學案卷九 百源學案(上)……四八一
宋元學案卷十 百源學案(下)……五〇六

邵子全書序

宋邵堯夫先生所著書，有《皇極經世》、《觀物内外篇》、《伊川擊壤集》，各若干卷。考功玄仗徐公刻之以傳。夫先生之學，易學也。古聖人洗心退藏而吉凶與民同患者，其理微矣，而盡之於《易》。先生事李之才，殫厥心力，始盡其學，而一時獨秦玠、鄭夬、查伯復、俞邦翰數人稍通其説，餘或以爲數學而忽之，不知先生通天地陰陽之紀、察日月星宿之會、明鬼神幽顯之理、達龜筮鈐決之奥，觀運處身，臨政治國，咸於此出。程伯子推爲内聖外王之學，而先生亦自以經世名其書，豈虚也哉？余考先生雖學出希夷，而實本諸先天方圓圖。圓圖：乾兑離震居左，爲天卦；巽坎艮坤居右，爲地卦，兩儀分而運行不息者主之。方圖：西、北、東、南各十六卦，陰陽之醇氣，物不能生，迨西南天交於地，東北地交於天，陰陽互藏其宅而物乃生焉，其閒天門、地户、鬼方、人路森然具備，而易道變化該之矣。先生觀乎天地四時運行消長而往來於其閒，微而思慮之形，著而言行之動，以至造化之神靈，鬼神之幽賾，靡不先知而豫定者，是書特指其緘要以示人，非故創爲奇也。編中律吕圖、聲音圖、十二辰與十六位圖、太極圖、既濟陰陽圖，不一而足，而絶無一語述其所以然。蓋自宓羲氏以不言爲教，其傳古，其味深，至先生獨契其精微。伊川乃稱堯夫差法冠絶古今，又以爲似揚雄而不盡如之。噫，此豈雄之所能辨哉？先生之少也，鶩精於討論，刳心於象數，迨良師指授乃物理與性命，其學彌進而彌邃，見於史傳，可攷也。故學者欲成先生之學在求師，欲師先生之師在立志。夫子焉不學？而亦何常師之有？志之不立，局局搶榆之見，曰如是爲理，如是爲數，内者主之，外者奴之，以爲望洋而無有極也，則亦曲守師説者之過也。

明南京國子監司業後學朱國禎撰

刻邵子全書序

余讀《易》而識聖人之詔世也，其慮深；讀《詩》而識聖人之存世也，其迹著；讀《書》而識聖人之憂世也，其情危；讀《春秋》而識聖人之律世也，其義嚴。夫治亂之相倚也，天也；識之蚤而圖之力，人也。「城復」是惕，「苞桑」是期，聖人於否泰，卷卷焉；其詔天下以撥亂反正者明且切矣，故曰其慮深。萬國奉一王，猶四肢戴元首也。周衰，列國各相雄長而王室陵遲，黍離替矣。聖人以《雅》、《頌》存治世之音，以《國風》存亂世之音，曩日離合景象宛若睹焉，故曰其迹著。秦僻在戎翟，《春秋》不以比君數，《秦誓》何以能爲《書》終也？以帝王始而以秦終，聖人其有隱憂乎，故曰其情危。《春秋》有天道焉，有君道焉，有臣道焉。先正所謂「亂臣賊子」，誅死者於前，懼生者於後也，故曰其義嚴。嗚呼，兼四經而勒成一家言，則康節先生之《皇極經世》是已。先生以運經世，所載興廢失得甚具，則《易》否泰之慮也。《易》詳理，《經世》詳事，欲人緣理證事而不謬于理也。獨法否泰者，否泰，乾坤之交而諸卦由生也。以會經運，列正統於上，臚竊據於下，則《三百篇》之旨也。《三百篇》紀傳之體，而《經世》年表之體也。始自堯即位未之甲辰，書曰「欽若昊天，敬授人時」，則《春秋》所以明天道也。其間三晉求爲諸侯於周，不書

「命」，不予天子之命之也，明君道也。武后廢帝爲王，改唐爲周，猶書「唐孝昭皇帝十一年」，不予武氏之廢之改之也，明臣道也、婦道也。終自周顯德西之己未，書曰「北征契丹」。嗟夫，周之必併於秦也，宋之必胥爲夷也，不可謂孔、邵不知也。秦益之後，可以主中國即聖人，不必廢之。以夷主夏，乾坤大變故也，故奮筆而書曰「北征」，而先生之心滋戚矣。總之四經、《經世》所載不出治亂之故，治亂之故不出陰陽消長之運，陰陽消長之運不出先天一圖。是以先生所總元會運世之數，與夫陰陽剛柔、律呂聲音、動植飛走之數，無非發揮先天之藴。故曰「圖雖無文，吾終日言而不離乎是」，又曰「天地與身皆易地，己身殊不異庖羲」，則先生之學淵矣，微矣。彼以數名先生者，抑何淺之乎知先生哉！先生當熙寧之時，值金陵用事之際，觀天察時，已知天下必無可爲之會，是以其身不得不隱。身隱矣，而畏天悲人、憂時憫事之念終不能一日忘也。是以不得不托之言，托之言而卒無可柰何，是以不得不委運于大化，順適于去來而時發洩其情于《擊壤集》。《擊壤》陶然自得，不異浴沂詠歸氣象。然曰：「仲尼豈欲輕辭魯，孟子何嘗便去齊。」夫寧鑿坏塞竇、拽尾泥中者之爲適乎哉？又曰：「返魂丹向何人用，續命湯于甚處施。」先生之志，寧不悲夫？是道也，惟子輿、子房先得之，故曰「孟子善用易」，又曰「留侯善藏其用」，蓋契之者深矣。自此學不講，而天時人事之故，卒世懵然。以屈子之忠焉而沉，以莊生之曠焉而放，皆不可謂聞道。然誠心質行，猶諒于人也。世儒役其身于榮辱之塗，而汩其心于欣戚之境，老死不知厭足，則不可令先生見矣。嗚呼，吾又安得起先生九京，與之一破功名貧富障哉！先生書，以元會運世相經者三十四篇，以聲音律吕唱和爲圖者十六篇，統名之曰《觀物篇》，凡五十，爲卷十；《内篇》十二，舊爲卷二，今仍《性理》本，益以伯温解，爲卷三；《外篇》上下，出門弟子所記，爲卷二；《擊壤》詩二千餘首，爲卷六。而《性理》本首二卷内，一元消長之數圖，則三十四篇之總也；四象體用之數圖，則十六篇之總也。大概出伯温所著。《指要》等書則出蔡西山所衍説者，謂當删去，而晦翁嘗稱其推究縝密，故寧過而存之。《漁樵對問》、《無名公傳》故見《性理》，而《懷古賦》等篇則從别本得之，因併以入。遺行誌狀則附於後，通爲二十四卷。其序當先《觀物篇》，次《觀物内外篇》，次《擊壤集》。今以《性理》久列學官，不欲割裂，遂如舊著之前云。

萬曆丙午六月之望檇李後學徐必達書於銓曹書院

皇極經世

點校説明

邵雍所撰《皇極經世》，宋代傳本不一，晁公武《郡齋讀書志》與陳振孫《直齋書録解題》著録十卷，《宋史》本傳則謂六十卷。明初《正統道藏》太玄部收録的《皇極經世》爲十二卷本，清乾隆年間修《四庫全書》時將《皇極經世書》收入子部術數類，爲十四卷本。儘管分卷不同，但内容差别不大。

道藏本《皇極經世》之元會運世部分，一至十二篇爲「以元經會」，十三至二十三篇爲「以會經運」，二十四至三十四爲「以運經世」，此三合爲先天象數之推演，以明歷史興衰演化回環之數。三十五至五十篇爲律吕聲音，排列四聲清濁律吕變化之規律；五十一至六十二篇爲觀物内篇，論所以爲書之意，窮日月星辰、飛走動植之數，以盡天地萬物之理，述皇帝王霸之事，以明大中至正之道；六十三至六十四爲觀物外篇，系康節殁後門弟子所編，内容爲門弟子記録其平昔言語，合爲二篇，雖傳録之際不能無差，然亦足以發明成書。

今整理《皇極經世》，以上海涵芬樓影印明《正統道藏》本（簡稱道藏本）爲底本。以下列出各部分之參校本：

（一）卷一至卷十（元會運世、聲音律吕），參校本爲文淵閣《四庫全書》本《皇極經世書》

（簡稱四庫本）。

（二）卷十一（觀物内篇），參校本除文淵閣《四庫全書》本《皇極經世書》外，另有明胡廣《性理大全書》本《皇極經世書》（簡稱大全本）；《四庫全書》本張行成《皇極經世索隱》（簡稱索隱本）。

（三）卷十二（觀物外篇），參校本除文淵閣《四庫全書》本《皇極經世書》外，另有明胡廣《性理大全書》本《皇極經世書》；《四庫全書》本張行成《皇極經世觀物外篇衍義》（簡稱衍義本）。

爲便於讀者進一步理解《皇極經世》，本書另收録了邵雍之子邵伯温所撰《皇極經世系述》、南宋張行成所撰《皇極經世觀物外篇衍義》、《道藏輯要》之《皇極經世書》，以及整理者郭彧所撰《皇極經世三簡表》《皇極經世夏商周年表》《邵雍六十四卦易數表》等八個附録。

目録

點校説明
皇極經世卷第一
以元經會之一　觀物篇之一……一
以元經會之二　觀物篇之二……八
以元經會之三　觀物篇之三……一六
以元經會之四　觀物篇之四……二四
以元經會之五　觀物篇之五……三一
以元經會之六　觀物篇之六……三九
皇極經世卷第二
以元經會之七　觀物篇之七……四七
以元經會之八　觀物篇之八……六〇
以元經會之九　觀物篇之九……七一
以元經會之十　觀物篇之十……八三
以元經會之十一　觀物篇之十一……九四
以元經會之十二　觀物篇之十二……一〇五
皇極經世卷第三
以會經運之一　觀物篇之十三……一一八
以會經運之二　觀物篇之十四……一二六
以會經運之三　觀物篇之十五……一三二

以會經運之四　觀物篇之十六……一三九
以會經運之五　觀物篇之十七……一四五
以會經運之六　觀物篇之十八……一五一
皇極經世卷第四
以會經運之七　觀物篇之十九……一五七
以會經運之八　觀物篇之二十……一八三
以會經運之九　觀物篇之二十一……二〇八
以會經運之十　觀物篇之二十二……二三五
以會經運之十一　觀物篇之二十三……二六五
以會經運之十二　觀物篇之二十四……二九二
皇極經世卷第五
以運經世之一　觀物篇之二十五……三二六
以運經世之二　觀物篇之二十六……三三八
以運經世之三　觀物篇之二十七……三六二
以運經世之四　觀物篇之二十八……三八七
以運經世之五　觀物篇之二十九……四一一

以運經世之六　觀物篇之三十……四三七
皇極經世卷第六
以運經世之七　觀物篇之三十一……四七九
以運經世之八　觀物篇之三十二……五一八
以運經世之九　觀物篇之三十三……五五一
以運經世之十　觀物篇之三十四……六〇三
皇極經世卷第七
觀物篇之三十五……六五二
觀物篇之三十六……六八三
觀物篇之三十七……七一四
觀物篇之三十八……七四五
皇極經世卷第八
觀物篇之三十九……七七六
觀物篇之四十……八〇七
觀物篇之四十一……八三七
觀物篇之四十二……八六八
皇極經世卷第九
觀物篇之四十三……八九九
觀物篇之四十四……九三〇
觀物篇之四十五……九六一
觀物篇之四十六……九九一
皇極經世卷第十
觀物篇之四十七……一〇二三
觀物篇之四十八……一〇五三
觀物篇之四十九……一〇八四

觀物篇之五十……………………一一一四
皇極經世卷第十一
觀物篇之五十一……………一一四六
觀物篇之五十二……………一一四八
觀物篇之五十三……………一一五〇
觀物篇之五十四……………一一五一
觀物篇之五十五……………一一五五
觀物篇之五十六……………一一五七
觀物篇之五十七……………一一六二
觀物篇之五十八……………一一六五
觀物篇之五十九……………一一六七
觀物篇之六十………………一一六九
觀物篇之六十一……………一一七一
觀物篇之六十二……………一一七二
皇極經世卷第十二
觀物外篇上……………………一一七七
觀物外篇下……………………一二一五
附録：
皇極經世系述……………邵伯温　一二四七
皇極經世觀物外篇衍義
……………………………張行成　一二五一
卷一　觀物外篇上之上……………一二五一
卷二　觀物外篇上之中……………一二七六
卷三　觀物外篇上之下……………一二九八
卷四　觀物外篇中之上……………一三二二
卷五　觀物外篇中之中……………一三四四
卷六　觀物外篇中之下……………一三六三
卷七　觀物外篇下之上……………一三八三
卷八　觀物外篇下之中……………一四〇〇
卷九　觀物外篇下之下……………一四二五

道藏輯要之皇極經世書……………一四四一
經世衍易圖……………………一四四一
經世天地四象圖………………一四四二
經世聲音圖……………………一四四三
觀物内篇………………………一四五二
觀物外篇………………………一四五七
四庫全書總目皇極經世書提要
……………………………………一四七〇
四庫全書子部術數類皇極經世書
提要…………………………………一四七二
皇極經世三簡表
………………………郭彧製　一四七四
皇極經世夏商周年表
………………………郭彧製　一四七八
邵雍六十四卦易數表
………………………郭彧製　一四八四

皇極經世卷第一

以元經會之一　觀物篇之一

日甲一月子一星甲一　辰子一　辰丑二　辰寅三

辰卯四　辰辰五　辰巳六

辰午七　辰未八　辰申九

辰酉十　辰戌十一　辰亥十二

星乙二　辰子十三　辰丑十四　辰寅十五

辰卯十六　辰辰十七　辰巳十八

辰午十九　辰未二十　辰申二十一

辰酉二十二　辰戌二十三　辰亥二十四

星丙三　辰子二十五　辰丑二十六　辰寅二十七

辰卯二十八　辰辰二十九　辰巳三十

辰午三十一　辰未三十二　辰申三十三

辰酉三十四 辰戌三十五 辰亥三十六

星丁四

辰子三十七 辰丑三十八 辰寅三十九

辰卯四十 辰辰四十一 辰巳四十二

辰午四十三 辰未四十四 辰申四十五

辰酉四十六 辰戌四十七 辰亥四十八

星戊五

辰子四十九 辰丑五十 辰寅五十一

辰卯五十二 辰辰五十三 辰巳五十四

辰午五十五 辰未五十六 辰申五十七

辰酉五十八 辰戌五十九 辰亥六十

星己六

辰子六十一 辰丑六十二 辰寅六十三

辰卯六十四 辰辰六十五 辰巳六十六

辰午六十七 辰未六十八 辰申六十九

辰酉七十 辰戌七十一 辰亥七十二

星庚七

辰子七十三 辰丑七十四 辰寅七十五

辰卯七十六 辰辰七十七 辰巳七十八

辰午七十九 辰未八十 辰申八十一

辰酉八十二
辰戌八十三
辰亥八十四

星辛八

辰子八十五
辰丑八十六
辰寅八十七
辰卯八十八
辰辰八十九
辰巳九十
辰午九十一
辰未九十二
辰申九十三
辰酉九十四
辰戌九十五
辰亥九十六

星壬九

辰子九十七
辰丑九十八
辰寅九十九
辰卯一百
辰辰一百一
辰巳一百二
辰午一百三
辰未一百四
辰申一百五
辰酉一百六
辰戌一百七
辰亥一百八

星癸十

辰子一百九
辰丑一百十
辰寅一百十一
辰卯一百十二
辰辰一百十三
辰巳一百十四
辰午一百十五
辰未一百十六
辰申一百十七
辰酉一百十八
辰戌一百十九
辰亥一百二十

星甲十一

辰子一百二十一
辰丑一百二十二
辰寅一百二十三
辰卯一百二十四
辰辰一百二十五
辰巳一百二十六
辰午一百二十七
辰未一百二十八
辰申一百二十九

辰酉一百三十
辰戌一百三十一
辰亥一百三十二

星乙十二

辰子一百三十三
辰丑一百三十四
辰寅一百三十五
辰卯一百三十六
辰辰一百三十七
辰巳一百三十八
辰午一百三十九
辰未一百四十
辰申一百四十一
辰酉一百四十二
辰戌一百四十三
辰亥一百四十四

星丙十三

辰子一百四十五
辰丑一百四十六
辰寅一百四十七
辰卯一百四十八
辰辰一百四十九
辰巳一百五十
辰午一百五十一
辰未一百五十二
辰申一百五十三
辰酉一百五十四
辰戌一百五十五
辰亥一百五十六

星丁十四

辰子一百五十七
辰丑一百五十八
辰寅一百五十九
辰卯一百六十
辰辰一百六十一
辰巳一百六十二
辰午一百六十三
辰未一百六十四
辰申一百六十五
辰酉一百六十六
辰戌一百六十七
辰亥一百六十八

星戊十五

辰子一百六十九
辰丑一百七十
辰寅一百七十一
辰卯一百七十二
辰辰一百七十三
辰巳一百七十四
辰午一百七十五
辰未一百七十六
辰申一百七十七

辰酉 一百七十八
辰戌 一百七十九
辰亥 一百八十

星己 十六

辰子 一百八十一
辰丑 一百八十二
辰寅 一百八十三
辰卯 一百八十四
辰辰 一百八十五
辰巳 一百八十六
辰午 一百八十七
辰未 一百八十八
辰申 一百八十九
辰酉 一百九十
辰戌 一百九十一
辰亥 一百九十二

星庚 十七

辰子 一百九十三
辰丑 一百九十四
辰寅 一百九十五
辰卯 一百九十六
辰辰 一百九十七
辰巳 一百九十八
辰午 一百九十九
辰未 二百
辰申 二百一
辰酉 二百二
辰戌 二百三
辰亥 二百四

星辛 十八

辰子 二百五
辰丑 二百六
辰寅 二百七
辰卯 二百八
辰辰 二百九
辰巳 二百一十
辰午 二百一十一
辰未 二百一十二
辰申 二百一十三
辰酉 二百一十四
辰戌 二百一十五
辰亥 二百一十六

星壬 十九

辰子 二百一十七
辰丑 二百一十八
辰寅 二百一十九
辰卯 二百二十
辰辰 二百二十一
辰巳 二百二十二
辰午 二百二十三
辰未 二百二十四
辰申 二百二十五

星癸二十

星甲二十一

星乙二十二

星丙二十三

辰酉二百二十六
辰戌二百二十七
辰亥二百二十八

辰子二百二十九
辰丑二百三十
辰寅二百三十一

辰卯二百三十二
辰辰二百三十三
辰巳二百三十四

辰午二百三十五
辰未二百三十六
辰申二百三十七

辰酉二百三十八
辰戌二百三十九
辰亥二百四十

辰子二百四十一
辰丑二百四十二
辰寅二百四十三

辰卯二百四十四
辰辰二百四十五
辰巳二百四十六

辰午二百四十七
辰未二百四十八
辰申二百四十九

辰酉二百五十
辰戌二百五十一
辰亥二百五十二

辰子二百五十三
辰丑二百五十四
辰寅二百五十五

辰卯二百五十六
辰辰二百五十七
辰巳二百五十八

辰午二百五十九
辰未二百六十
辰申二百六十一

辰酉二百六十二
辰戌二百六十三
辰亥二百六十四

辰子二百六十五
辰丑二百六十六
辰寅二百六十七

辰卯二百六十八
辰辰二百六十九
辰巳二百七十

辰午二百七十一
辰未二百七十二
辰申二百七十三

辰酉二百七十四　辰戌二百七十五　辰亥二百七十六

星丁二十四

辰子二百七十七　辰丑二百七十八　辰寅二百七十九

辰卯二百八十　辰辰二百八十一　辰巳二百八十二

辰午二百八十三　辰未二百八十四　辰申二百八十五

辰酉二百八十六　辰戌二百八十七　辰亥二百八十八

星戊二十五

辰子二百八十九　辰丑二百九十　辰寅二百九十一

辰卯二百九十二　辰辰二百九十三　辰巳二百九十四

辰午二百九十五　辰未二百九十六　辰申二百九十七

辰酉二百九十八　辰戌二百九十九　辰亥三百

星己二十六

辰子三百一　辰丑三百二　辰寅三百三

辰卯三百四　辰辰三百五　辰巳三百六

辰午三百七　辰未三百八　辰申三百九

辰酉三百一十　辰戌三百一十一　辰亥三百一十二

星庚二十七

辰子三百一十三　辰丑三百一十四　辰寅三百一十五

辰卯三百一十六　辰辰三百一十七　辰巳三百一十八

辰午三百一十九　辰未三百二十　辰申三百二十一

辰酉三百二十二　辰戌三百二十三　辰亥三百二十四

星辛二十八　辰子三百二十五　辰丑三百二十六　辰寅三百二十七

辰卯三百二十八　辰辰三百二十九　辰巳三百三十

辰午三百三十一　辰未三百三十二　辰申三百三十三

辰酉三百三十四　辰戌三百三十五　辰亥三百三十六

星壬二十九　辰子三百三十七　辰丑三百三十八　辰寅三百三十九

辰卯三百四十　辰辰三百四十一　辰巳三百四十二

辰午三百四十三　辰未三百四十四　辰申三百四十五

辰酉三百四十六　辰戌三百四十七　辰亥三百四十八

星癸三十　辰子三百四十九　辰丑三百五十　辰寅三百五十一

辰卯三百五十二　辰辰三百五十三　辰巳三百五十四

辰午三百五十五　辰未三百五十六　辰申三百五十七

辰酉三百五十八　辰戌三百五十九　辰亥三百六十

以元經會之二　觀物篇之二

月丑二

星甲三十一　辰子三百六十一　辰丑三百六十二　辰寅三百六十三

辰卯三百六十四　辰辰三百六十五　辰巳三百六十六
辰午三百六十七　辰未三百六十八　辰申三百六十九
辰酉三百七十　辰戌三百七十一　辰亥三百七十二

星乙三十二
辰子三百七十三　辰丑三百七十四　辰寅三百七十五
辰卯三百七十六　辰辰三百七十七　辰巳三百七十八
辰午三百七十九　辰未三百八十　辰申三百八十一
辰酉三百八十二　辰戌三百八十三　辰亥三百八十四

星丙三十三
辰子三百八十五　辰丑三百八十六　辰寅三百八十七
辰卯三百八十八　辰辰三百八十九　辰巳三百九十
辰午三百九十一　辰未三百九十二　辰申三百九十三
辰酉三百九十四　辰戌三百九十五　辰亥三百九十六

星丁三十四
辰子三百九十七　辰丑三百九十八　辰寅三百九十九
辰卯四百　辰辰四百一　辰巳四百二
辰午四百三　辰未四百四　辰申四百五
辰酉四百六　辰戌四百七　辰亥四百八

星戊三十五
辰子四百九　辰丑四百一十　辰寅四百一十一

辰卯四百一十二　辰辰四百一十三　辰巳四百一十四
辰午四百一十五　辰未四百一十六　辰申四百一十七
辰酉四百一十八　辰戌四百一十九　辰亥四百二十

星己三十六

辰子四百二十一　辰丑四百二十二　辰寅四百二十三
辰卯四百二十四　辰辰四百二十五　辰巳四百二十六
辰午四百二十七　辰未四百二十八　辰申四百二十九
辰酉四百三十　辰戌四百三十一　辰亥四百三十二

星庚三十七

辰子四百三十三　辰丑四百三十四　辰寅四百三十五
辰卯四百三十六　辰辰四百三十七　辰巳四百三十八
辰午四百三十九　辰未四百四十　辰申四百四十一
辰酉四百四十二　辰戌四百四十三　辰亥四百四十四

星辛三十八

辰子四百四十五　辰丑四百四十六　辰寅四百四十七
辰卯四百四十八　辰辰四百四十九　辰巳四百五十
辰午四百五十一　辰未四百五十二　辰申四百五十三
辰酉四百五十四　辰戌四百五十五　辰亥四百五十六

星壬三十九

辰子四百五十七　辰丑四百五十八　辰寅四百五十九

辰卯四百六十　辰辰四百六十一　辰巳四百六十二

辰午四百六十三　辰未四百六十四　辰申四百六十五

辰酉四百六十六　辰戌四百六十七　辰亥四百六十八

星癸四十

辰子四百六十九　辰丑四百七十　辰寅四百七十一

辰卯四百七十二　辰辰四百七十三　辰巳四百七十四

辰午四百七十五　辰未四百七十六　辰申四百七十七

辰酉四百七十八　辰戌四百七十九　辰亥四百八十

星甲四十一

辰子四百八十一　辰丑四百八十二　辰寅四百八十三

辰卯四百八十四　辰辰四百八十五　辰巳四百八十六

辰午四百八十七　辰未四百八十八　辰申四百八十九

辰酉四百九十　辰戌四百九十一　辰亥四百九十二

星乙四十二

辰子四百九十三　辰丑四百九十四　辰寅四百九十五

辰卯四百九十六　辰辰四百九十七　辰巳四百九十八

辰午四百九十九　辰未五百　辰申五百一

辰酉五百二　辰戌五百三　辰亥五百四

星丙四十三

辰子五百五　辰丑五百六　辰寅五百七

辰卯五百八
辰辰五百九
辰巳五百一十
辰午五百一十一
辰未五百一十二
辰申五百一十三
辰酉五百一十四
辰戌五百一十五
辰亥五百一十六

星丁四十四

辰子五百一十七
辰丑五百一十八
辰寅五百一十九
辰卯五百二十
辰辰五百二十一
辰巳五百二十二
辰午五百二十三
辰未五百二十四
辰申五百二十五
辰酉五百二十六
辰戌五百二十七
辰亥五百二十八

星戊四十五

辰子五百二十九
辰丑五百三十
辰寅五百三十一
辰卯五百三十二
辰辰五百三十三
辰巳五百三十四
辰午五百三十五
辰未五百三十六
辰申五百三十七
辰酉五百三十八
辰戌五百三十九
辰亥五百四十

星己四十六

辰子五百四十一
辰丑五百四十二
辰寅五百四十三
辰卯五百四十四
辰辰五百四十五
辰巳五百四十六
辰午五百四十七
辰未五百四十八
辰申五百四十九
辰酉五百五十
辰戌五百五十一
辰亥五百五十二

星庚四十七

辰子五百五十三
辰丑五百五十四
辰寅五百五十五

辰卯五百五十六　辰辰五百五十七　辰巳五百五十八
辰午五百五十九　辰未五百六十　辰申五百六十一
辰酉五百六十二　辰戌五百六十三　辰亥五百六十四

星辛四十八

辰子五百六十五　辰丑五百六十六　辰寅五百六十七
辰卯五百六十八　辰辰五百六十九　辰巳五百七十
辰午五百七十一　辰未五百七十二　辰申五百七十三
辰酉五百七十四　辰戌五百七十五　辰亥五百七十六

星壬四十九

辰子五百七十七　辰丑五百七十八　辰寅五百七十九
辰卯五百八十　辰辰五百八十一　辰巳五百八十二
辰午五百八十三　辰未五百八十四　辰申五百八十五
辰酉五百八十六　辰戌五百八十七　辰亥五百八十八

星癸五十

辰子五百八十九　辰丑五百九十　辰寅五百九十一
辰卯五百九十二　辰辰五百九十三　辰巳五百九十四
辰午五百九十五　辰未五百九十六　辰申五百九十七
辰酉五百九十八　辰戌五百九十九　辰亥六百

星甲五十一

辰子六百一　辰丑六百二　辰寅六百三

辰卯六百四
辰辰六百五
辰巳六百六
辰午六百七
辰未六百八
辰申六百九
辰酉六百一十
辰戌六百一十一
辰亥六百一十二

星乙五十二

辰子六百一十三
辰丑六百一十四
辰寅六百一十五
辰卯六百一十六
辰辰六百一十七
辰巳六百一十八
辰午六百一十九
辰未六百二十
辰申六百二十一
辰酉六百二十二
辰戌六百二十三
辰亥六百二十四

星丙五十三

辰子六百二十五
辰丑六百二十六
辰寅六百二十七
辰卯六百二十八
辰辰六百二十九
辰巳六百三十
辰午六百三十一
辰未六百三十二
辰申六百三十三
辰酉六百三十四
辰戌六百三十五
辰亥六百三十六

星丁五十四

辰子六百三十七
辰丑六百三十八
辰寅六百三十九
辰卯六百四十
辰辰六百四十一
辰巳六百四十二
辰午六百四十三
辰未六百四十四
辰申六百四十五
辰酉六百四十六
辰戌六百四十七
辰亥六百四十八

星戊五十五

辰子六百四十九
辰丑六百五十
辰寅六百五十一

辰卯六百五十二
辰辰六百五十三
辰巳六百五十四
辰午六百五十五
辰未六百五十六
辰申六百五十七
辰酉六百五十八
辰戌六百五十九
辰亥六百六十

星己五十六

辰子六百六十一
辰丑六百六十二
辰寅六百六十三
辰卯六百六十四
辰辰六百六十五
辰巳六百六十六
辰午六百六十七
辰未六百六十八
辰申六百六十九
辰酉六百七十
辰戌六百七十一
辰亥六百七十二

星庚五十七

辰子六百七十三
辰丑六百七十四
辰寅六百七十五
辰卯六百七十六
辰辰六百七十七
辰巳六百七十八
辰午六百七十九
辰未六百八十
辰申六百八十一
辰酉六百八十二
辰戌六百八十三
辰亥六百八十四

星辛五十八

辰子六百八十五
辰丑六百八十六
辰寅六百八十七
辰卯六百八十八
辰辰六百八十九
辰巳六百九十
辰午六百九十一
辰未六百九十二
辰申六百九十三
辰酉六百九十四
辰戌六百九十五
辰亥六百九十六

星壬五十九

辰子六百九十七
辰丑六百九十八
辰寅六百九十九

星癸六十

辰卯七百　辰辰七百一　辰巳七百二
辰午七百三　辰未七百四　辰申七百五
辰酉七百六　辰戌七百七　辰亥七百八
辰子七百九　辰丑七百一十　辰寅七百一十一
辰卯七百一十二　辰辰七百一十三　辰巳七百一十四
辰午七百一十五　辰未七百一十六　辰申七百一十七
辰酉七百一十八　辰戌七百一十九　辰亥七百二十

以元經會之三　觀物篇之三

月寅三星甲六十一

辰子七百二十一　辰丑七百二十二　辰寅七百二十三
辰卯七百二十四　辰辰七百二十五　辰巳七百二十六
辰午七百二十七　辰未七百二十八　辰申七百二十九
辰酉七百三十　辰戌七百三十一　辰亥七百三十二

星乙六十二

辰子七百三十三　辰丑七百三十四　辰寅七百三十五
辰卯七百三十六　辰辰七百三十七　辰巳七百三十八
辰午七百三十九　辰未七百四十　辰申七百四十一

辰酉七百四十二
辰戌七百四十三
辰亥七百四十四

星丙六十三

辰子七百四十五
辰丑七百四十六
辰寅七百四十七
辰卯七百四十八
辰辰七百四十九
辰巳七百五十
辰午七百五十一
辰未七百五十二
辰申七百五十三
辰酉七百五十四
辰戌七百五十五
辰亥七百五十六

星丁六十四

辰子七百五十七
辰丑七百五十八
辰寅七百五十九
辰卯七百六十
辰辰七百六十一
辰巳七百六十二
辰午七百六十三
辰未七百六十四
辰申七百六十五
辰酉七百六十六
辰戌七百六十七
辰亥七百六十八

星戊六十五

辰子七百六十九
辰丑七百七十
辰寅七百七十一
辰卯七百七十二
辰辰七百七十三
辰巳七百七十四
辰午七百七十五
辰未七百七十六
辰申七百七十七
辰酉七百七十八
辰戌七百七十九
辰亥七百八十

星己六十六

辰子七百八十一
辰丑七百八十二
辰寅七百八十三
辰卯七百八十四
辰辰七百八十五
辰巳七百八十六
辰午七百八十七
辰未七百八十八
辰申七百八十九

辰酉七百九十
辰戌七百九十一
辰亥七百九十二

星庚六十七

辰子七百九十三
辰丑七百九十四
辰寅七百九十五

辰卯七百九十六
辰辰七百九十七
辰巳七百九十八

辰午七百九十九
辰未八百
辰申八百一

辰酉八百二
辰戌八百三
辰亥八百四

星辛六十八

辰子八百五
辰丑八百六
辰寅八百七

辰卯八百八
辰辰八百九
辰巳八百一十

辰午八百一十一
辰未八百一十二
辰申八百一十三

辰酉八百一十四
辰戌八百一十五
辰亥八百一十六

星壬六十九

辰子八百一十七
辰丑八百一十八
辰寅八百一十九

辰卯八百二十
辰辰八百二十一
辰巳八百二十二

辰午八百二十三
辰未八百二十四
辰申八百二十五

辰酉八百二十六
辰戌八百二十七
辰亥八百二十八

星癸七十

辰子八百二十九
辰丑八百三十
辰寅八百三十一

辰卯八百三十二
辰辰八百三十三
辰巳八百三十四

辰午八百三十五
辰未八百三十六
辰申八百三十七

辰酉八百三十八
辰戌八百三十九
辰亥八百四十

星甲七十一

辰子八百四十一
辰丑八百四十二
辰寅八百四十三
辰卯八百四十四
辰辰八百四十五
辰巳八百四十六
辰午八百四十七
辰未八百四十八
辰申八百四十九
辰酉八百五十
辰戌八百五十一
辰亥八百五十二

星乙七十二

辰子八百五十三
辰丑八百五十四
辰寅八百五十五
辰卯八百五十六
辰辰八百五十七
辰巳八百五十八
辰午八百五十九
辰未八百六十
辰申八百六十一
辰酉八百六十二
辰戌六百八十三
辰亥八百六十四

星丙七十三

辰子八百六十五
辰丑八百六十六
辰寅八百六十七
辰卯八百六十八
辰辰八百六十九
辰巳八百七十
辰午八百七十一
辰未八百七十二
辰申八百七十三
辰酉八百七十四
辰戌八百七十五
辰亥八百七十六

星丁七十四

辰子八百七十七
辰丑八百七十八
辰寅八百七十九
辰卯八百八十
辰辰八百八十一
辰巳八百八十二
辰午八百八十三
辰未八百八十四
辰申八百八十五

辰酉八百八十六
辰戌八百八十七
辰亥八百八十八

星戊七十五

辰子八百八十九
辰丑八百九十
辰寅八百九十一
辰卯八百九十二
辰辰八百九十三
辰巳八百九十四
辰午八百九十五
辰未八百九十六
辰申八百九十七
辰酉八百九十八
辰戌八百九十九
辰亥九百

星己七十六

辰子九百一
辰丑九百二
辰寅九百三
辰卯九百四
辰辰九百五
辰巳九百六
辰午九百七
辰未九百八
辰申九百九
辰酉九百一十
辰戌九百一十一
辰亥九百一十二

星庚七十七

辰子九百一十三
辰丑九百一十四
辰寅九百一十五
辰卯九百一十六
辰辰九百一十七
辰巳九百一十八
辰午九百一十九
辰未九百二十
辰申九百二十一
辰酉九百二十二
辰戌九百二十三
辰亥九百二十四

星辛七十八

辰子九百二十五
辰丑九百二十六
辰寅九百二十七
辰卯九百二十八
辰辰九百二十九
辰巳九百三十
辰午九百三十一
辰未九百三十二
辰申九百三十三

辰酉九百三十四
辰戌九百三十五
辰亥九百三十六

星壬七十九

辰子九百三十七
辰丑九百三十八
辰寅九百三十九
辰卯九百四十
辰辰九百四十一
辰巳九百四十二
辰午九百四十三
辰未九百四十四
辰申九百四十五
辰酉九百四十六
辰戌九百四十七
辰亥九百四十八

星癸八十

辰子九百四十九
辰丑九百五十
辰寅九百五十一
辰卯九百五十二
辰辰九百五十三
辰巳九百五十四
辰午九百五十五
辰未九百五十六
辰申九百五十七
辰酉九百五十八
辰戌九百五十九
辰亥九百六十

星甲八十一

辰子九百六十一
辰丑九百六十二
辰寅九百六十三
辰卯九百六十四
辰辰九百六十五
辰巳九百六十六
辰午九百六十七
辰未九百六十八
辰申九百六十九
辰酉九百七十
辰戌九百七十一
辰亥九百七十二

星乙八十二

辰子九百七十三
辰丑九百七十四
辰寅九百七十五
辰卯九百七十六
辰辰九百七十七
辰巳九百七十八
辰午九百七十九
辰未九百八十
辰申九百八十一

辰酉九百八十二　辰戌九百八十三　辰亥九百八十四

星丙八十三

辰子九百八十五　辰丑九百八十六　辰寅九百八十七
辰卯九百八十八　辰辰九百八十九　辰巳九百九十
辰午九百九十一　辰未九百九十二　辰申九百九十三
辰酉九百九十四　辰戌九百九十五　辰亥九百九十六

星丁八十四

辰子九百九十七　辰丑九百九十八　辰寅九百九十九
辰卯一千　辰辰一千一　辰巳一千二
辰午一千三　辰未一千四　辰申一千五
辰酉一千六　辰戌一千七　辰亥一千八

星戊八十五

辰子一千九　辰丑一千一十　辰寅一千一十一
辰卯一千一十二　辰辰一千一十三　辰巳一千一十四
辰午一千一十五　辰未一千一十六　辰申一千一十七
辰酉一千一十八　辰戌一千一十九　辰亥一千二十

星己八十六

辰子一千二十一　辰丑一千二十二　辰寅一千二十三
辰卯一千二十四　辰辰一千二十五　辰巳一千二十六
辰午一千二十七　辰未一千二十八　辰申一千二十九

辰酉一千三十
辰戌一千三十一
辰亥一千三十二

星庚八十七

辰子一千三十三
辰丑一千三十四
辰寅一千三十五
辰卯一千三十六
辰辰一千三十七
辰巳一千三十八
辰午一千三十九
辰未一千四十
辰申一千四十一
辰酉一千四十二
辰戌一千四十三
辰亥一千四十四

星辛八十八

辰子一千四十五
辰丑一千四十六
辰寅一千四十七
辰卯一千四十八
辰辰一千四十九
辰巳一千五十
辰午一千五十一
辰未一千五十二
辰申一千五十三
辰酉一千五十四
辰戌一千五十五
辰亥一千五十六

星壬八十九

辰子一千五十七
辰丑一千五十八
辰寅一千五十九
辰卯一千六十
辰辰一千六十一
辰巳一千六十二
辰午一千六十三
辰未一千六十四
辰申一千六十五
辰酉一千六十六
辰戌一千六十七
辰亥一千六十八

星癸九十

辰子一千六十九
辰丑一千七十
辰寅一千七十一
辰卯一千七十二
辰辰一千七十三
辰巳一千七十四
辰午一千七十五
辰未一千七十六
辰申一千七十七

辰酉一千七十八
辰戌一千七十九
辰亥一千八十

以元經會之四　觀物篇之四

月卯四星甲九十一
辰子一千八十一
辰丑一千八十二
辰寅一千八十三
辰卯一千八十四
辰辰一千八十五
辰巳一千八十六
辰午一千八十七
辰未一千八十八
辰申一千八十九
辰酉一千九十
辰戌一千九十一
辰亥一千九十二

星乙九十二
辰子一千九十三
辰丑一千九十四
辰寅一千九十五
辰卯一千九十六
辰辰一千九十七
辰巳一千九十八
辰午一千九十九
辰未一千一百
辰申一千一百一
辰酉一千一百二
辰戌一千一百三
辰亥一千一百四

星丙九十三
辰子一千一百五
辰丑一千一百六
辰寅一千一百七
辰卯一千一百八
辰辰一千一百九
辰巳一千一百一十
辰午一千一百一十一
辰未一千一百一十二
辰申一千一百一十三
辰酉一千一百一十四
辰戌一千一百一十五
辰亥一千一百一十六

星丁九十四
辰子一千一百一十七
辰丑一千一百一十八
辰寅一千一百一十九

辰卯一千一百二十
辰辰一千一百二十一
辰巳一千一百二十二

辰午一千一百二十三
辰未一千一百二十四
辰申一千一百二十五

辰酉一千一百二十六
辰戌一千一百二十七
辰亥一千一百二十八

星戊九十五

辰子一千一百二十九
辰丑一千一百三十
辰寅一千一百三十一

辰卯一千一百三十二
辰辰一千一百三十三
辰巳一千一百三十四

辰午一千一百三十五
辰未一千一百三十六
辰申一千一百三十七

辰酉一千一百三十八
辰戌一千一百三十九
辰亥一千一百四十

星己九十六

辰子一千一百四十一
辰丑一千一百四十二
辰寅一千一百四十三

辰卯一千一百四十四
辰辰一千一百四十五
辰巳一千一百四十六

辰午一千一百四十七
辰未一千一百四十八
辰申一千一百四十九

辰酉一千一百五十
辰戌一千一百五十一
辰亥一千一百五十二

星庚九十七

辰子一千一百五十三
辰丑一千一百五十四
辰寅一千一百五十五

辰卯一千一百五十六
辰辰一千一百五十七
辰巳一千一百五十八

辰午一千一百五十九
辰未一千一百六十
辰申一千一百六十一

辰酉一千一百六十二
辰戌一千一百六十三
辰亥一千一百六十四

星辛九十八

辰子一千一百六十五
辰丑一千一百六十六
辰寅一千一百六十七

辰卯 一千一百六十八
辰辰 一千一百六十九
辰巳 一千一百七十

辰午 一千一百七十一
辰未 一千一百七十二
辰申 一千一百七十三

辰酉 一千一百七十四
辰戌 一千一百七十五
辰亥 一千一百七十六

星壬 九十九

辰子 一千一百七十七
辰丑 一千一百七十八
辰寅 一千一百七十九

辰卯 一千一百八十
辰辰 一千一百八十一
辰巳 一千一百八十二

辰午 一千一百八十三
辰未 一千一百八十四
辰申 一千一百八十五

辰酉 一千一百八十六
辰戌 一千一百八十七
辰亥 一千一百八十八

星癸 一百

辰子 一千一百八十九
辰丑 一千一百九十
辰寅 一千一百九十一

辰卯 一千一百九十二
辰辰 一千一百九十三
辰巳 一千一百九十四

辰午 一千一百九十五
辰未 一千一百九十六
辰申 一千一百九十七

辰酉 一千一百九十八
辰戌 一千一百九十九
辰亥 一千二百

星甲 一百一

辰子 一千二百一
辰丑 一千二百二
辰寅 一千二百三

辰卯 一千二百四
辰辰 一千二百五
辰巳 一千二百六

辰午 一千二百七
辰未 一千二百八
辰申 一千二百九

辰酉 一千二百一十
辰戌 一千二百一十一
辰亥 一千二百一十二

星乙 一百二

辰子 一千二百一十三
辰丑 一千二百一十四
辰寅 一千二百一十五

辰卯一千二百一十六
辰辰一千二百一十七
辰巳一千二百一十八
辰午一千二百一十九
辰未一千二百二十
辰申一千二百二十一
辰酉一千二百二十二
辰戌一千二百二十三
辰亥一千二百二十四

星丙一百三

辰子一千二百二十五
辰丑一千二百二十六
辰寅一千二百二十七
辰卯一千二百二十八
辰辰一千二百二十九
辰巳一千二百三十
辰午一千二百三十一
辰未一千二百三十二
辰申一千二百三十三
辰酉一千二百三十四
辰戌一千二百三十五
辰亥一千二百三十六

星丁一百四

辰子一千二百三十七
辰丑一千二百三十八
辰寅一千二百三十九
辰卯一千二百四十
辰辰一千二百四十一
辰巳一千二百四十二
辰午一千二百四十三
辰未一千二百四十四
辰申一千二百四十五
辰酉一千二百四十六
辰戌一千二百四十七
辰亥一千二百四十八

星戊一百五

辰子一千二百四十九
辰丑一千二百五十
辰寅一千二百五十一
辰卯一千二百五十二
辰辰一千二百五十三
辰巳一千二百五十四
辰午一千二百五十五
辰未一千二百五十六
辰申一千二百五十七
辰酉一千二百五十八
辰戌一千二百五十九
辰亥一千二百六十

星己一百六

辰子一千二百六十一
辰丑一千二百六十二
辰寅一千二百六十三

辰卯一千二百六十四
辰辰一千二百六十五
辰巳一千二百六十六
辰午一千二百六十七
辰未一千二百六十八
辰申一千二百六十九
辰酉一千二百七十
辰戌一千二百七十一
辰亥一千二百七十二

星庚一百七

辰子一千二百七十三
辰丑一千二百七十四
辰寅一千二百七十五
辰卯一千二百七十六
辰辰一千二百七十七
辰巳一千二百七十八
辰午一千二百七十九
辰未一千二百八十
辰申一千二百八十一
辰酉一千二百八十二
辰戌一千二百八十三
辰亥一千二百八十四

星辛一百八

辰子一千二百八十五
辰丑一千二百八十六
辰寅一千二百八十七
辰卯一千二百八十八
辰辰一千二百八十九
辰巳一千二百九十
辰午一千二百九十一
辰未一千二百九十二
辰申一千二百九十三
辰酉一千二百九十四
辰戌一千二百九十五
辰亥一千二百九十六

星壬一百九

辰子一千二百九十七
辰丑一千二百九十八
辰寅一千二百九十九
辰卯一千三百
辰辰一千三百一
辰巳一千三百二
辰午一千三百三
辰未一千三百四
辰申一千三百五
辰酉一千三百六
辰戌一千三百七
辰亥一千三百八

星癸一百十

辰子一千三百九
辰丑一千三百十
辰寅一千三百一十一

星甲一百一十一

辰卯一千三百一十二
辰辰一千三百一十三
辰巳一千三百一十四

辰午一千三百一十五
辰未一千三百一十六
辰申一千三百一十七

辰酉一千三百一十八
辰戌一千三百一十九
辰亥一千三百二十

辰子一千三百二十一
辰丑一千三百二十二
辰寅一千三百二十三

星乙一百一十二

辰卯一千三百二十四
辰辰一千三百二十五
辰巳一千三百二十六

辰午一千三百二十七
辰未一千三百二十八
辰申一千三百二十九

辰酉一千三百三十
辰戌一千三百三十一
辰亥一千三百三十二

辰子一千三百三十三
辰丑一千三百三十四
辰寅一千三百三十五

星丙一百一十三

辰卯一千三百三十六
辰辰一千三百三十七
辰巳一千三百三十八

辰午一千三百三十九
辰未一千三百四十
辰申一千三百四十一

辰酉一千三百四十二
辰戌一千三百四十三
辰亥一千三百四十四

辰子一千三百四十五
辰丑一千三百四十六
辰寅一千三百四十七

星丁一百一十四

辰卯一千三百四十八
辰辰一千三百四十九
辰巳一千三百五十

辰午一千三百五十一
辰未一千三百五十二
辰申一千三百五十三

辰酉一千三百五十四
辰戌一千三百五十五
辰亥一千三百五十六

辰子一千三百五十七
辰丑一千三百五十八
辰寅一千三百五十九

辰卯一千三百六十
辰辰一千三百六十一
辰巳一千三百六十二

辰午一千三百六十三
辰未一千三百六十四
辰申一千三百六十五

辰酉一千三百六十六
辰戌一千三百六十七
辰亥一千三百六十八

星戊一百一十五
辰子一千三百六十九
辰丑一千三百七十
辰寅一千三百七十一

辰卯一千三百七十二
辰辰一千三百七十三
辰巳一千三百七十四

辰午一千三百七十五
辰未一千三百七十六
辰申一千三百七十七

辰酉一千三百七十八
辰戌一千三百七十九
辰亥一千三百八十

星己一百一十六
辰子一千三百八十一
辰丑一千三百八十二
辰寅一千三百八十三

辰卯一千三百八十四
辰辰一千三百八十五
辰巳一千三百八十六

辰午一千三百八十七
辰未一千三百八十八
辰申一千三百八十九

辰酉一千三百九十
辰戌一千三百九十一
辰亥一千三百九十二

星庚一百一十七
辰子一千三百九十三
辰丑一千三百九十四
辰寅一千三百九十五

辰卯一千三百九十六
辰辰一千三百九十七
辰巳一千三百九十八

辰午一千三百九十九
辰未一千四百
辰申一千四百一

辰酉一千四百二
辰戌一千四百三
辰亥一千四百四

星辛一百一十八
辰子一千四百五
辰丑一千四百六
辰寅一千四百七

辰卯一千四百八

辰辰一千四百九

辰巳一千四百一十

辰午一千四百一十一

辰未一千四百一十二

辰申一千四百一十三

辰酉一千四百一十四

辰戌一千四百一十五

辰亥一千四百一十六

星壬一百一十九

辰子一千四百一十七

辰丑一千四百一十八

辰寅一千四百一十九

辰卯一千四百二十

辰辰一千四百二十一

辰巳一千四百二十二

辰午一千四百二十三

辰未一千四百二十四

辰申一千四百二十五

辰酉一千四百二十六

辰戌一千四百二十七

辰亥一千四百二十八

星癸一百二十

辰子一千四百二十九

辰丑一千四百三十

辰寅一千四百三十一

辰卯一千四百三十二

辰辰一千四百三十三

辰巳一千四百三十四

辰午一千四百三十五

辰未一千四百三十六

辰申一千四百三十七

辰酉一千四百三十八

辰戌一千四百三十九

辰亥一千四百四十

以元經會之五　觀物篇之五

月辰五星甲一百二十一

辰子一千四百四十一

辰丑一千四百四十二

辰寅一千四百四十三

辰卯一千四百四十四

辰辰一千四百四十五

辰巳一千四百四十六

辰午一千四百四十七

辰未一千四百四十八

辰申一千四百四十九

辰酉一千四百五十
辰戌一千四百五十一
辰亥一千四百五十二

星乙一百二十二

辰子一千四百五十三
辰丑一千四百五十四
辰寅一千四百五十五
辰卯一千四百五十六
辰辰一千四百五十七
辰巳一千四百五十八
辰午一千四百五十九
辰未一千四百六十
辰申一千四百六十一
辰酉一千四百六十二
辰戌一千四百六十三
辰亥一千四百六十四

星丙一百二十三

辰子一千四百六十五
辰丑一千四百六十六
辰寅一千四百六十七
辰卯一千四百六十八
辰辰一千四百六十九
辰巳一千四百七十
辰午一千四百七十一
辰未一千四百七十二
辰申一千四百七十三
辰酉一千四百七十四
辰戌一千四百七十五
辰亥一千四百七十六

星丁一百二十四

辰子一千四百七十七
辰丑一千四百七十八
辰寅一千四百七十九
辰卯一千四百八十
辰辰一千四百八十一
辰巳一千四百八十二
辰午一千四百八十三
辰未一千四百八十四
辰申一千四百八十五
辰酉一千四百八十六
辰戌一千四百八十七
辰亥一千四百八十八

星戊一百二十五

辰子一千四百八十九
辰丑一千四百九十
辰寅一千四百九十一
辰卯一千四百九十二
辰辰一千四百九十三
辰巳一千四百九十四
辰午一千四百九十五
辰未一千四百九十六
辰申一千四百九十七

辰酉一千四百九十八
辰戌一千四百九十九
辰亥一千五百

星己一百二十六

辰子一千五百一
辰丑一千五百二
辰寅一千五百三
辰卯一千五百四
辰辰一千五百五
辰巳一千五百六
辰午一千五百七
辰未一千五百八
辰申一千五百九
辰酉一千五百一十
辰戌一千五百一十一
辰亥一千五百一十二

星庚一百二十七

辰子一千五百一十三
辰丑一千五百一十四
辰寅一千五百一十五
辰卯一千五百一十六
辰辰一千五百一十七
辰巳一千五百一十八
辰午一千五百一十九
辰未一千五百二十
辰申一千五百二十一
辰酉一千五百二十二
辰戌一千五百二十三
辰亥一千五百二十四

星辛一百二十八

辰子一千五百二十五
辰丑一千五百二十六
辰寅一千五百二十七
辰卯一千五百二十八
辰辰一千五百二十九
辰巳一千五百三十
辰午一千五百三十一
辰未一千五百三十二
辰申一千五百三十三
辰酉一千五百三十四
辰戌一千五百三十五
辰亥一千五百三十六

星壬一百二十九

辰子一千五百三十七
辰丑一千五百三十八
辰寅一千五百三十九
辰卯一千五百四十
辰辰一千五百四十一
辰巳一千五百四十二
辰午一千五百四十三
辰未一千五百四十四
辰申一千五百四十五

星癸一百三十

辰酉一千五百四十六
辰戌一千五百四十七
辰亥一千五百四十八
辰子一千五百四十九
辰丑一千五百五十
辰寅一千五百五十一
辰卯一千五百五十二
辰辰一千五百五十三
辰巳一千五百五十四
辰午一千五百五十五
辰未一千五百五十六
辰申一千五百五十七
辰酉一千五百五十八
辰戌一千五百五十九
辰亥一千五百六十

星甲一百三十一

辰子一千五百六十一
辰丑一千五百六十二
辰寅一千五百六十三
辰卯一千五百六十四
辰辰一千五百六十五
辰巳一千五百六十六
辰午一千五百六十七
辰未一千五百六十八
辰申一千五百六十九
辰酉一千五百七十
辰戌一千五百七十一
辰亥一千五百七十二

星乙一百三十二

辰子一千五百七十三
辰丑一千五百七十四
辰寅一千五百七十五
辰卯一千五百七十六
辰辰一千五百七十七
辰巳一千五百七十八
辰午一千五百七十九
辰未一千五百八十
辰申一千五百八十一
辰酉一千五百八十二
辰戌一千五百八十三
辰亥一千五百八十四

星丙一百三十三

辰子一千五百八十五
辰丑一千五百八十六
辰寅一千五百八十七
辰卯一千五百八十八
辰辰一千五百八十九
辰巳一千五百九十
辰午一千五百九十一
辰未一千五百九十二
辰申一千五百九十三

星丁一百三十四

辰酉一千五百九十四
辰戌一千五百九十五
辰亥一千五百九十六
辰子一千五百九十七
辰丑一千五百九十八
辰寅一千五百九十九
辰卯一千六百
辰辰一千六百一
辰巳一千六百二
辰午一千六百三
辰未一千六百四
辰申一千六百五

星戊一百三十五

辰酉一千六百六
辰戌一千六百七
辰亥一千六百八
辰子一千六百九
辰丑一千六百一十
辰寅一千六百一十一
辰卯一千六百一十二
辰辰一千六百一十三
辰巳一千六百一十四
辰午一千六百一十五
辰未一千六百一十六
辰申一千六百一十七

星己一百三十六

辰酉一千六百一十八
辰戌一千六百一十九
辰亥一千六百二十
辰子一千六百二十一
辰丑一千六百二十二
辰寅一千六百二十三
辰卯一千六百二十四
辰辰一千六百二十五
辰巳一千六百二十六
辰午一千六百二十七
辰未一千六百二十八
辰申一千六百二十九

星庚一百三十七

辰酉一千六百三十
辰戌一千六百三十一
辰亥一千六百三十二
辰子一千六百三十三
辰丑一千六百三十四
辰寅一千六百三十五
辰卯一千六百三十六
辰辰一千六百三十七
辰巳一千六百三十八
辰午一千六百三十九
辰未一千六百四十
辰申一千六百四十一

辰酉一千六百四十二
辰戌一千六百四十三
辰亥一千六百四十四

星辛一百三十八

辰子一千六百四十五
辰丑一千六百四十六
辰寅一千六百四十七
辰卯一千六百四十八
辰辰一千六百四十九
辰巳一千六百五十
辰午一千六百五十一
辰未一千六百五十二
辰申一千六百五十三
辰酉一千六百五十四
辰戌一千六百五十五
辰亥一千六百五十六

星壬一百三十九

辰子一千六百五十七
辰丑一千六百五十八
辰寅一千六百五十九
辰卯一千六百六十
辰辰一千六百六十一
辰巳一千六百六十二
辰午一千六百六十三
辰未一千六百六十四
辰申一千六百六十五
辰酉一千六百六十六
辰戌一千六百六十七
辰亥一千六百六十八

星癸一百四十

辰子一千六百六十九
辰丑一千六百七十
辰寅一千六百七十一
辰卯一千六百七十二
辰辰一千六百七十三
辰巳一千六百七十四
辰午一千六百七十五
辰未一千六百七十六
辰申一千六百七十七
辰酉一千六百七十八
辰戌一千六百七十九
辰亥一千六百八十

星甲一百四十一

辰子一千六百八十一
辰丑一千六百八十二
辰寅一千六百八十三
辰卯一千六百八十四
辰辰一千六百八十五
辰巳一千六百八十六
辰午一千六百八十七
辰未一千六百八十八
辰申一千六百八十九

星乙 一百四十二

辰酉 一千六百九十
辰戌 一千六百九十一
辰亥 一千六百九十二
辰子 一千六百九十三
辰丑 一千六百九十四
辰寅 一千六百九十五
辰卯 一千六百九十六
辰辰 一千六百九十七
辰巳 一千六百九十八
辰午 一千六百九十九
辰未 一千七百
辰申 一千七百一

星丙 一百四十三

辰酉 一千七百二
辰戌 一千七百三
辰亥 一千七百四
辰子 一千七百五
辰丑 一千七百六
辰寅 一千七百七
辰卯 一千七百八
辰辰 一千七百九
辰巳 一千七百一十
辰午 一千七百一十一
辰未 一千七百一十二
辰申 一千七百一十三

星丁 一百四十四

辰酉 一千七百一十四
辰戌 一千七百一十五
辰亥 一千七百一十六
辰子 一千七百一十七
辰丑 一千七百一十八
辰寅 一千七百一十九
辰卯 一千七百二十
辰辰 一千七百二十一
辰巳 一千七百二十二
辰午 一千七百二十三
辰未 一千七百二十四
辰申 一千七百二十五

星戊 一百四十五

辰酉 一千七百二十六
辰戌 一千七百二十七
辰亥 一千七百二十八
辰子 一千七百二十九
辰丑 一千七百三十
辰寅 一千七百三十一
辰卯 一千七百三十二
辰辰 一千七百三十三
辰巳 一千七百三十四
辰午 一千七百三十五
辰未 一千七百三十六
辰申 一千七百三十七

辰酉一千七百三十八

辰戌一千七百三十九

辰亥一千七百四十

星己一百四十六

辰子一千七百四十一

辰丑一千七百四十二

辰寅一千七百四十三

辰卯一千七百四十四

辰辰一千七百四十五

辰巳一千七百四十六

辰午一千七百四十七

辰未一千七百四十八

辰申一千七百四十九

辰酉一千七百五十

辰戌一千七百五十一

辰亥一千七百五十二

星庚一百四十七

辰子一千七百五十三

辰丑一千七百五十四

辰寅一千七百五十五

辰卯一千七百五十六

辰辰一千七百五十七

辰巳一千七百五十八

辰午一千七百五十九

辰未一千七百六十

辰申一千七百六十一

辰酉一千七百六十二

辰戌一千七百六十三

辰亥一千七百六十四

星辛一百四十八

辰子一千七百六十五

辰丑一千七百六十六

辰寅一千七百六十七

辰卯一千七百六十八

辰辰一千七百六十九

辰巳一千七百七十

辰午一千七百七十一

辰未一千七百七十二

辰申一千七百七十三

辰酉一千七百七十四

辰戌一千七百七十五

辰亥一千七百七十六

星壬一百四十九

辰子一千七百七十七

辰丑一千七百七十八

辰寅一千七百七十九

辰卯一千七百八十

辰辰一千七百八十一

辰巳一千七百八十二

辰午一千七百八十三

辰未一千七百八十四

辰申一千七百八十五

星癸一百五十

辰酉一千七百八十六　辰戌一千七百八十七　辰亥一千七百八十八
辰子一千七百八十九　辰丑一千七百九十　辰寅一千七百九十一
辰卯一千七百九十二　辰辰一千七百九十三　辰巳一千七百九十四
辰午一千七百九十五　辰未一千七百九十六　辰申一千七百九十七
辰酉一千七百九十八　辰戌一千七百九十九　辰亥一千八百

以元經會之六　觀物篇之六

月巳六星甲一百五十一

辰子一千八百一　辰丑一千八百二　辰寅一千八百三
辰卯一千八百四　辰辰一千八百五　辰巳一千八百六
辰午一千八百七　辰未一千八百八　辰申一千八百九

星乙一百五十二

辰酉一千八百一十　辰戌一千八百一十一　辰亥一千八百一十二
辰子一千八百一十三　辰丑一千八百一十四　辰寅一千八百一十五
辰卯一千八百一十六　辰辰一千八百一十七　辰巳一千八百一十八
辰午一千八百一十九　辰未一千八百二十　辰申一千八百二十一
辰酉一千八百二十二　辰戌一千八百二十三　辰亥一千八百二十四

星丙一百五十三

辰子一千八百二十五　辰丑一千八百二十六　辰寅一千八百二十七

辰卯一千八百二十八
辰辰一千八百二十九
辰巳一千八百三十
辰午一千八百三十一
辰未一千八百三十二
辰申一千八百三十三
辰酉一千八百三十四
辰戌一千八百三十五
辰亥一千八百三十六

星丁一百五十四

辰子一千八百三十七
辰丑一千八百三十八
辰寅一千八百三十九
辰卯一千八百四十
辰辰一千八百四十一
辰巳一千八百四十二
辰午一千八百四十三
辰未一千八百四十四
辰申一千八百四十五
辰酉一千八百四十六
辰戌一千八百四十七
辰亥一千八百四十八

星戊一百五十五

辰子一千八百四十九
辰丑一千八百五十
辰寅一千八百五十一
辰卯一千八百五十二
辰辰一千八百五十三
辰巳一千八百五十四
辰午一千八百五十五
辰未一千八百五十六
辰申一千八百五十七
辰酉一千八百五十八
辰戌一千八百五十九
辰亥一千八百六十

星己一百五十七

辰子一千八百六十一
辰丑一千八百六十二
辰寅一千八百六十三
辰卯一千八百六十四
辰辰一千八百六十五
辰巳一千八百六十六
辰午一千八百六十七
辰未一千八百六十八
辰申一千八百六十九
辰酉一千八百七十
辰戌一千八百七十一
辰亥一千八百七十二

星庚一百五十七

辰子一千八百七十三
辰丑一千八百七十四
辰寅一千八百七十五

辰卯一千八百七十六　辰辰一千八百七十七　辰巳一千八百七十八
辰午一千八百七十九　辰未一千八百八十　辰申一千八百八十一
辰酉一千八百八十二　辰戌一千八百八十三　辰亥一千八百八十四

星辛一百五十八

辰子一千八百八十五　辰丑一千八百八十六　辰寅一千八百八十七
辰卯一千八百八十八　辰辰一千八百八十九　辰巳一千八百九十
辰午一千八百九十一　辰未一千八百九十二　辰申一千八百九十三
辰酉一千八百九十四　辰戌一千八百九十五　辰亥一千八百九十六

星壬一百五十九

辰子一千八百九十七　辰丑一千八百九十八　辰寅一千八百九十九
辰卯一千九百　辰辰一千九百一　辰巳一千九百二
辰午一千九百三　辰未一千九百四　辰申一千九百五
辰酉一千九百六　辰戌一千九百七　辰亥一千九百八

星癸一百六十

辰子一千九百九　辰丑一千九百一十　辰寅一千九百一十一
辰卯一千九百一十二　辰辰一千九百一十三　辰巳一千九百一十四
辰午一千九百一十五　辰未一千九百一十六　辰申一千九百一十七
辰酉一千九百一十八　辰戌一千九百一十九　辰亥一千九百二十

星甲一百六十一

辰子一千九百二十一　辰丑一千九百二十二　辰寅一千九百二十三

辰卯一千九百二十四
辰辰一千九百二十五
辰巳一千九百二十六
辰午一千九百二十七
辰未一千九百二十八
辰申一千九百二十九
辰酉一千九百三十
辰戌一千九百三十一
辰亥一千九百三十二

星乙一百六十二

辰子一千九百三十三
辰丑一千九百三十四
辰寅一千九百三十五
辰卯一千九百三十六
辰辰一千九百三十七
辰巳一千九百三十八
辰午一千九百三十九
辰未一千九百四十
辰申一千九百四十一
辰酉一千九百四十二
辰戌一千九百四十三
辰亥一千九百四十四

星丙一百六十三

辰子一千九百四十五
辰丑一千九百四十六
辰寅一千九百四十七
辰卯一千九百四十八
辰辰一千九百四十九
辰巳一千九百五十
辰午一千九百五十一
辰未一千九百五十二
辰申一千九百五十三
辰酉一千九百五十四
辰戌一千九百五十五
辰亥一千九百五十六

星丁一百六十四

辰子一千九百五十七
辰丑一千九百五十八
辰寅一千九百五十九
辰卯一千九百六十
辰辰一千九百六十一
辰巳一千九百六十二
辰午一千九百六十三
辰未一千九百六十四
辰申一千九百六十五
辰酉一千九百六十六
辰戌一千九百六十七
辰亥一千九百六十八

星戊一百六十五

辰子一千九百六十九
辰丑一千九百七十
辰寅一千九百七十一

星己一百六十六

辰卯一千九百七十二　辰辰一千九百七十三　辰巳一千九百七十四
辰午一千九百七十五　辰未一千九百七十六　辰申一千九百七十七
辰酉一千九百七十八　辰戌一千九百七十九　辰亥一千九百八十
辰子一千九百八十一　辰丑一千九百八十二　辰寅一千九百八十三

星庚一百六十七

辰卯一千九百八十四　辰辰一千九百八十五　辰巳一千九百八十六
辰午一千九百八十七　辰未一千九百八十八　辰申一千九百八十九
辰酉一千九百九十　辰戌一千九百九十一　辰亥一千九百九十二
辰子一千九百九十三　辰丑一千九百九十四　辰寅一千九百九十五

星辛一百六十八

辰卯一千九百九十六　辰辰一千九百九十七　辰巳一千九百九十八
辰午一千九百九十九　辰未二千　辰申二千一
辰酉二千二　辰戌二千三　辰亥二千四
辰子二千五　辰丑二千六　辰寅二千七

星壬一百六十九

辰卯二千八　辰辰二千九　辰巳二千一十
辰午二千一十一　辰未二千一十二　辰申二千一十三
辰酉二千一十四　辰戌二千一十五　辰亥二千一十六
辰子二千一十七　辰丑二千一十八　辰寅二千一十九

辰卯二千二十
辰辰二千二十一
辰巳二千二十二

辰午二千二十三
辰未二千二十四
辰申二千二十五

辰酉二千二十六
辰戌二千二十七
辰亥二千二十八

星癸一百七十

辰子二千二十九
辰丑二千三十
辰寅二千三十一

辰卯二千三十二
辰辰二千三十三
辰巳二千三十四

辰午二千三十五
辰未二千三十六
辰申二千三十七

辰酉二千三十八
辰戌二千三十九
辰亥二千四十

星甲一百七十一

辰子二千四十一
辰丑二千四十二
辰寅二千四十三

辰卯二千四十四
辰辰二千四十五
辰巳二千四十六

辰午二千四十七
辰未二千四十八
辰申二千四十九

辰酉二千五十
辰戌二千五十一
辰亥二千五十二

星乙一百七十二

辰子二千五十三
辰丑二千五十四
辰寅二千五十五

辰卯二千五十六
辰辰二千五十七
辰巳二千五十八

辰午二千五十九
辰未二千六十
辰申二千六十一

辰酉二千六十二
辰戌二千六十三
辰亥二千六十四

星丙一百七十三

辰子二千六十五
辰丑二千六十六
辰寅二千六十七

辰卯二千六十八　辰辰二千六十九　辰巳二千七十
辰午二千七十一　辰未二千七十二　辰申二千七十三
辰酉二千七十四　辰戌二千七十五　辰亥二千七十六

星丁一百七十四

辰子二千七十七　辰丑二千七十八　辰寅二千七十九
辰卯二千八十　辰辰二千八十一　辰巳二千八十二
辰午二千八十三　辰未二千八十四　辰申二千八十五
辰酉二千八十六　辰戌二千八十七　辰亥二千八十八

星戊一百七十五

辰子二千八十九　辰丑二千九十　辰寅二千九十一
辰卯二千九十二　辰辰二千九十三　辰巳二千九十四
辰午二千九十五　辰未二千九十六　辰申二千九十七
辰酉二千九十八　辰戌二千九十九　辰亥二千一百

星己一百七十六

辰子二千一百一　辰丑二千一百二　辰寅二千一百三
辰卯二千一百四　辰辰二千一百五　辰巳二千一百六
辰午二千一百七　辰未二千一百八　辰申二千一百九
辰酉二千一百一十　辰戌二千一百一十一　辰亥二千一百一十二

星庚一百七十七

辰子二千一百一十三　辰丑二千一百一十四　辰寅二千一百一十五

辰卯二千一百一十六
辰辰二千一百一十七
辰巳二千一百一十八
辰午二千一百一十九
辰未二千一百二十
辰申二千一百二十一
辰酉二千一百二十二
辰戌二千一百二十三
辰亥二千一百二十四

星辛一百七十八

辰子二千一百二十五
辰丑二千一百二十六
辰寅二千一百二十七
辰卯二千一百二十八
辰辰二千一百二十九
辰巳二千一百三十
辰午二千一百三十一
辰未二千一百三十二
辰申二千一百三十三
辰酉二千一百三十四
辰戌二千一百三十五
辰亥二千一百三十六

星壬一百七十九

辰子二千一百三十七
辰丑二千一百三十八
辰寅二千一百三十九
辰卯二千一百四十
辰辰二千一百四十一
辰巳二千一百四十二
辰午二千一百四十三
辰未二千一百四十四
辰申二千一百四十五
辰酉二千一百四十六
辰戌二千一百四十七
辰亥二千一百四十八

星癸一百八十

辰子二千一百四十九
辰丑二千一百五十
辰寅二千一百五十一
辰卯二千一百五十二
辰辰二千一百五十三
辰巳二千一百五十四
辰午二千一百五十五
辰未二千一百五十六
辰申二千一百五十七唐堯二十一
辰酉二千一百五十八唐堯五十一
辰戌二千一百五十九虞舜九
辰亥二千一百六十虞舜三十九

皇極經世卷第二

以元經會之七　觀物篇之七

月午七

星甲一百八十一

辰子二千一百六十一 夏禹八
辰丑二千一百六十二 夏太康二
辰寅二千一百六十三 夏仲康二
辰卯二千一百六十四 夏王相二十
辰辰二千一百六十五 夏少康二十三
辰巳二千一百六十六 夏少康五十三①
辰午二千一百六十七 夏王槐四
辰未二千一百六十八 夏芒八
辰申二千一百六十九 夏不降四
辰酉二千一百七十 夏不降三十四
辰戌二千一百七十一 夏扃五
辰亥二千一百七十二 夏廑十四

星乙一百八十二

辰子二千一百七十三 夏孔甲二十三
辰丑二千一百七十四 夏發十一
辰寅二千一百七十五 夏癸二十二
辰卯二千一百七十六 夏癸五十二
辰辰二千一百七十七 商太甲十七
辰巳二千一百七十八 商沃丁十四

---

① 「五十三」，原作「五十六」，據四庫本改。

辰午二千一百七十九　商太庚十五
辰未二千一百八十　商雍己三
辰申二千一百八十一　商大戊①二十一
辰酉二千一百八十二　商大戊五十一
辰戌二千一百八十三　商仲丁六
辰亥二千一百八十四　商亶甲八

星丙一百八十三

辰子二千一百八十五　商祖辛十
辰丑二千一百八十六　商沃甲二十四
辰寅二千一百八十七　商祖丁二十九
辰卯二千一百八十八　商陽甲三
辰辰二千一百八十九　商盤庚二十五
辰巳二千一百九十　商小乙六
辰午二千一百九十一　商武丁八
辰未二千一百九十二　商武丁三十八
辰申二千一百九十三　商祖甲二
辰酉二千一百九十四　商祖甲三十二
辰戌二千一百九十五　商武乙一②
辰亥二千一百九十六　商帝乙二十五

星丁一百八十四

辰子二千一百九十七　商受辛十八
辰丑二千一百九十八　周成王九
辰寅二千一百九十九　周康王二
辰卯二千二百　周昭王六
辰辰二千二百一　周昭王三十六
辰巳二千二百二　周穆王十五
辰午二千二百三　周穆王四十五
辰未二千二百四　周懿王八

---

① 「大」，四庫本作「太」，通。下同。
② 「一」，四庫本作「二」。

星戊 一百八十五

辰申 二千二百五 周考王 十三　辰酉 二千二百六 周厲王 十二

辰戌 二千二百七 周厲王 四十二①　辰亥 二千二百八 周宣王 二十一

辰子 二千二百九 周幽王 五　辰丑 二千二百十 周平王 二十四

辰寅 二千二百一十一 周桓王 三②　辰卯 二千二百一十二 周莊王 十

辰辰 二千二百一十三 周惠王 二十　辰巳 二千二百一十四 周襄王 二十五

辰午 二千二百一十五 周定王 十　辰未 二千二百一十六 周靈王 五

辰申 二千二百一十七 周景王 八　辰酉 二千二百一十八 周敬王 十三

辰戌 二千二百一十九 周敬王 四十三　辰亥 二千二百二十 周貞定③ 二十二④

星己 一百八十六

辰子 二千二百二十一 周威烈 十三⑤　辰丑 二千二百二十二 周安王 十五

辰寅 二千二百二十三 周顯王 十二⑥　辰卯 二千二百二十四 周顯王 四十二⑦

---

①「四十二」，原作「四十一」，據四庫本改。
②「三」，四庫本作「二」。
③「定」，四庫本作「王」。
④「二十二」，四庫本作「二十三」。
⑤「十三」，四庫本作「九」。
⑥「十二」，四庫本作「十六」。
⑦「四十二」，四庫本作「十七」。

星庚一百八十七

辰辰二千二百二十五周赧王十八　辰巳二千二百二十六周赧王四十八

辰午二千二百二十七秦始皇十　辰未二千二百二十八漢高祖九①

辰申二千二百二十九漢文帝四　辰酉二千二百三十漢景帝十

辰戌二千二百三十一漢武帝二十四　辰亥二千二百三十二漢武帝五十四

辰子二千二百三十三漢宣帝十七　辰丑二千二百三十四漢成帝六

辰寅二千二百三十五漢平帝四　辰卯二千二百三十六漢光武十一

辰辰二千二百三十七漢明帝七　辰巳二千二百三十八漢和帝六

辰午二千二百三十九漢安帝十八　辰未二千二百四十漢桓帝八

辰申二千二百四十一漢靈帝十七　辰酉二千二百四十二漢獻帝二十六②

辰戌二千二百四十三魏帝芳五蜀帝禪二十二吳帝權二十三③

辰亥二千二百四十四晉武帝④　吳帝皓十⑤

---

①「九」，四庫本作「元」。
②「二十六」，四庫本作「二十五」。
③「二十三」，四庫本作「二十二」。
④「帝」下，四庫本有「十」。
⑤「十」，四庫本作「十二」。

星辛一百八十八

辰子二千二百四十五晉惠帝十三①

辰丑二千二百四十六晉成帝九

辰寅二千二百四十七晉哀帝三

辰卯二千二百四十八晉武帝二十二後魏道武十②

辰辰二千二百四十九宋帝義隆九③後魏大武元

辰巳二千二百五十宋武帝二後魏文成三

辰午二千二百五十一齊武帝二後魏孝文十四

辰未二千二百五十二梁武帝十三後魏宣武十五

辰申二千二百五十三梁武帝四十三西魏文帝十一

辰酉二千二百五十四陳宣帝七後周武帝十二④

辰戌二千二百五十五隋煬帝六⑤

辰亥二千二百五十六唐太宗九

星壬一百八十九

辰子二千二百五十七唐高宗十五

辰丑二千二百五十八唐中宗十一

辰寅二千二百五十九唐玄宗十二⑥

辰卯二千二百六十唐玄宗四十三

辰辰二千二百六十一唐德宗五

辰巳二千二百六十二唐憲宗⑦九

辰午二千二百六十三唐武宗四

辰未二千二百六十四唐僖宗元

---

① 「十三」，四庫本作「十四」。
② 「十」，四庫本作「一」。
③ 「宋」，原作「晉」，據四庫本改；「九」，四庫本作「元」。
④ 「十二」，四庫本作「十五」。
⑤ 「六」，四庫本作「元」。
⑥ 「十二」，四庫本作「十三」。
⑦ 「憲」，原作「獻」，據四庫本改。

辰申二千二百六十五　唐昭宗十六

辰酉二千二百六十六

辰戌二千二百六十七　宋太祖五

辰亥二千二百六十八　宋太宗十九

星癸一百九十

辰子二千二百六十九　宋仁宗二

辰丑二千二百七十　宋仁宗三十二①

辰寅二千二百七十一

辰卯二千二百七十二

辰辰二千二百七十三

辰巳二千二百七十四

辰午二千二百七十五

辰未二千二百七十六

辰申二千二百七十七

辰酉二千二百七十八

辰戌二千二百七十九

辰亥二千二百八十

星甲一百九十一

辰子二千二百八十一

辰丑二千二百八十二

辰寅二千二百八十三

辰卯二千二百八十四

辰辰二千二百八十五

辰巳二千二百八十六

辰午二千二百八十七

辰未二千二百八十八

辰申二千二百八十九

辰酉二千二百九十

辰戌二千二百九十一

辰亥二千二百九十二

① 「三十二」，原作「二十二」，據四庫本改。

星乙 一百九十二

辰子 二千二百九十三　辰丑 二千二百九十四

辰寅 二千二百九十五　辰卯 二千二百九十六

辰辰 二千二百九十七　辰巳 二千二百九十八

辰午 二千二百九十九　辰未 二千三百

辰申 二千三百一　辰酉 二千三百二

辰戌 二千三百三　辰亥 二千三百四

星丙 一百九十三

辰子 二千三百五　辰丑 二千三百六

辰寅 二千三百七　辰卯 二千三百八

辰辰 二千三百九　辰巳 二千三百一十

辰午 二千三百一十一　辰未 二千三百一十二

辰申 二千三百一十三　辰酉 二千三百一十四

辰戌 二千三百一十五　辰亥 二千三百一十六

星丁 一百九十四

辰子 二千三百一十七　辰丑 二千三百一十八

辰寅 二千三百一十九　辰卯 二千三百二十

辰辰 二千三百二十一　辰巳 二千三百二十二

辰午 二千三百二十三　辰未 二千三百二十四

辰申二千三百二十五
辰酉二千三百二十六
辰戌二千三百二十七
辰亥二千三百二十八

星戊一百九十五

辰子二千三百二十九
辰丑二千三百三十
辰寅二千三百三十一
辰卯二千三百三十二
辰辰二千三百三十三
辰巳二千三百三十四
辰午二千三百三十五
辰未二千三百三十六
辰申二千三百三十七
辰酉二千三百三十八
辰戌二千三百三十九
辰亥二千三百四十

星己一百九十六

辰子二千三百四十一
辰丑二千三百四十二
辰寅二千三百四十三
辰卯二千三百四十四
辰辰二千三百四十五
辰巳二千三百四十六
辰午二千三百四十七
辰未二千三百四十八
辰申二千三百四十九
辰酉二千三百五十
辰戌二千三百五十一
辰亥二千三百五十二

星庚一百九十七

辰子二千三百五十三
辰丑二千三百五十四
辰寅二千三百五十五
辰卯二千三百五十六

辰辰二千三百五十七　辰巳二千三百五十八

辰午二千三百五十九　辰未二千三百六十

辰申二千三百六十一　辰酉二千三百六十二

辰戌二千三百六十三　辰亥二千三百六十四

星辛一百九十八

辰子二千三百六十五　辰丑二千三百六十六

辰寅二千三百六十七　辰卯二千三百六十八

辰辰二千三百六十九　辰巳二千三百七十

辰午二千三百七十一　辰未二千三百七十二

辰申二千三百七十三　辰酉二千三百七十四

辰戌二千三百七十五　辰亥二千三百七十六

星壬一百九十九

辰子二千三百七十七　辰丑二千三百七十八

辰寅二千三百七十九　辰卯二千三百八十

辰辰二千三百八十一　辰巳二千三百八十二

辰午二千三百八十三　辰未二千三百八十四

辰申二千三百八十五　辰酉二千三百八十六

辰戌二千三百八十七　辰亥二千三百八十八

星癸二百

辰子二千三百八十九
辰丑二千三百九十
辰寅二千三百九十一
辰卯二千三百九十二
辰辰二千三百九十三
辰巳二千三百九十四
辰午二千三百九十五
辰未二千三百九十六
辰申二千三百九十七
辰酉二千三百九十八
辰戌二千三百九十九
辰亥二千四百

星甲二百一

辰子二千四百一
辰丑二千四百二
辰寅二千四百三
辰卯二千四百四
辰辰二千四百五
辰巳二千四百六
辰午二千四百七
辰未二千四百八
辰申二千四百九
辰酉二千四百十
辰戌二千四百一十一
辰亥二千四百一十二

星乙二百二

辰子二千四百一十三
辰丑二千四百一十四
辰寅二千四百一十五
辰卯二千四百一十六
辰辰二千四百一十七
辰巳二千四百一十八
辰午二千四百一十九
辰未二千四百二十

辰申二千四百二十一
辰酉二千四百二十二
辰戌二千四百二十三
辰亥二千四百二十四

星丙二百三

辰子二千四百二十五
辰丑二千四百二十六
辰寅二千四百二十七
辰卯二千四百二十八
辰辰二千四百二十九
辰巳二千四百三十
辰午二千四百三十一
辰未二千四百三十二
辰申二千四百三十三
辰酉二千四百三十四
辰戌二千四百三十五
辰亥二千四百三十六

星丁二百四

辰子二千四百三十七
辰丑二千四百三十八
辰寅二千四百三十九
辰卯二千四百四十
辰辰二千四百四十一
辰巳二千四百四十二
辰午二千四百四十三
辰未二千四百四十四
辰申二千四百四十五
辰酉二千四百四十六
辰戌二千四百四十七
辰亥二千四百四十八

星戊二百五

辰子二千四百四十九
辰丑二千四百五十
辰寅二千四百五十一
辰卯二千四百五十二

辰辰二千四百五十三
辰巳二千四百五十四
辰午二千四百五十五
辰未二千四百五十六
辰申二千四百五十七
辰酉二千四百五十八
辰戌二千四百五十九
辰亥二千四百六十

星己二百六

辰子二千四百六十一
辰丑二千四百六十二
辰寅二千四百六十三
辰卯二千四百六十四
辰辰二千四百六十五
辰巳二千四百六十六
辰午二千四百六十七
辰未二千四百六十八
辰申二千四百六十九
辰酉二千四百七十
辰戌二千四百七十一
辰亥二千四百七十二

星庚二百七

辰子二千四百七十三
辰丑二千四百七十四
辰寅二千四百七十五
辰卯二千四百七十六
辰辰二千四百七十七
辰巳二千四百七十八
辰午二千四百七十九
辰未二千四百八十
辰申二千四百八十一
辰酉二千四百八十二
辰戌二千四百八十三
辰亥二千四百八十四

星辛二百八

辰子二千四百八十五
辰丑二千四百八十六
辰寅二千四百八十七
辰卯二千四百八十八
辰辰二千四百八十九
辰巳二千四百九十
辰午二千四百九十一
辰未二千四百九十二
辰申二千四百九十三
辰酉二千四百九十四
辰戌二千四百九十五
辰亥二千四百九十六

星壬二百九

辰子二千四百九十七
辰丑二千四百九十八
辰寅二千四百九十九
辰卯二千五百
辰辰二千五百一
辰巳二千五百二
辰午二千五百三
辰未二千五百四
辰申二千五百五
辰酉二千五百六
辰戌二千五百七
辰亥二千五百八

星癸二百一十

辰子二千五百九
辰丑二千五百一十
辰寅二千五百一十一
辰卯二千五百一十二
辰辰二千五百一十三
辰巳二千五百一十四
辰午二千五百一十五
辰未二千五百一十六

辰申二千五百一十七　辰酉二千五百一十八
辰戌二千五百一十九　辰亥二千五百二十

以元經會之八　觀物篇之八

月未八星甲二百一十一

辰子二千五百二十一　辰丑二千五百二十二
辰寅二千五百二十三　辰卯二千五百二十四
辰辰二千五百二十五　辰巳二千五百二十六
辰午二千五百二十七　辰未二千五百二十八
辰申二千五百二十九　辰酉二千五百三十
辰戌二千五百三十一　辰亥二千五百三十二

星乙二百一十二

辰子二千五百三十三　辰丑二千五百三十四
辰寅二千五百三十五　辰卯二千五百三十六
辰辰二千五百三十七　辰巳二千五百三十八
辰午二千五百三十九　辰未二千五百四十
辰申二千五百四十一　辰酉二千五百四十二
辰戌二千五百四十三　辰亥二千五百四十四

星丙二百一十三

辰子二千五百四十五

辰丑二千五百四十六

辰寅二千五百四十七

辰卯二千五百四十八

辰辰二千五百四十九

辰巳二千五百五十

辰午二千五百五十一

辰未二千五百五十二

辰申二千五百五十三

辰酉二千五百五十四

辰戌二千五百五十五

辰亥二千五百五十六

星丁二百一十四

辰子二千五百五十七

辰丑二千五百五十八

辰寅二千五百五十九

辰卯二千五百六十

辰辰二千五百六十一

辰巳二千五百六十二

辰午二千五百六十三

辰未二千五百六十四

辰申二千五百六十五

辰酉二千五百六十六

辰戌二千五百六十七

辰亥二千五百六十八

星戊二百一十五

辰子二千五百六十九

辰丑二千五百七十

辰寅二千五百七十一

辰卯二千五百七十二

辰辰二千五百七十三

辰巳二千五百七十四

辰午二千五百七十五

辰未二千五百七十六

辰申二千五百七十七
辰酉二千五百七十八
辰戌二千五百七十九
辰亥二千五百八十

星己二百一十六

辰子二千五百八十一
辰丑二千五百八十二
辰寅二千五百八十三
辰卯二千五百八十四
辰辰二千五百八十五
辰巳二千五百八十六
辰午二千五百八十七
辰未二千五百八十八
辰申二千五百八十九
辰酉二千五百九十
辰戌二千五百九十一
辰亥二千五百九十二

星庚二百一十七

辰子二千五百九十三
辰丑二千五百九十四
辰寅二千五百九十五
辰卯二千五百九十六
辰辰二千五百九十七
辰巳二千五百九十八
辰午二千五百九十九
辰未二千六百
辰申二千六百一
辰酉二千六百二
辰戌二千六百三
辰亥二千六百四

星辛二百一十八

辰子二千六百五
辰丑二千六百六
辰寅二千六百七
辰卯二千六百八

辰辰二千六百九　辰巳二千六百一十
辰午二千六百一十一　辰未二千六百一十二
辰申二千六百一十三　辰酉二千六百一十四
辰戌二千六百一十五　辰亥二千六百一十六

星壬二百一十九

辰子二千六百一十七　辰丑二千六百一十八
辰寅二千六百一十九　辰卯二千六百二十
辰辰二千六百二十一　辰巳二千六百二十二
辰午二千六百二十三　辰未二千六百二十四
辰申二千六百二十五　辰酉二千六百二十六
辰戌二千六百二十七　辰亥二千六百二十八

星癸二百二十

辰子二千六百二十九　辰丑二千六百三十
辰寅二千六百三十一　辰卯二千六百三十二
辰辰二千六百三十三　辰巳二千六百三十四
辰午二千六百三十五　辰未二千六百三十六
辰申二千六百三十七　辰酉二千六百三十八
辰戌二千六百三十九　辰亥二千六百四十

星甲二百二十一

辰子二千六百四十一　辰丑二千六百四十二
辰寅二千六百四十三　辰卯二千六百四十四
辰辰二千六百四十五　辰巳二千六百四十六
辰午二千六百四十七　辰未二千六百四十八
辰申二千六百四十九　辰酉二千六百五十
辰戌二千六百五十一　辰亥二千六百五十二

星乙二百二十二

辰子二千六百五十三　辰丑二千六百五十四
辰寅二千六百五十五　辰卯二千六百五十六
辰辰二千六百五十七　辰巳二千六百五十八
辰午二千六百五十九　辰未二千六百六十
辰申二千六百六十一　辰酉二千六百六十二
辰戌二千六百六十三　辰亥二千六百六十四

星丙二百二十三

辰子二千六百六十五　辰丑二千六百六十六
辰寅二千六百六十七　辰卯二千六百六十八
辰辰二千六百六十九　辰巳二千六百七十
辰午二千六百七十一　辰未二千六百七十二

辰申二千六百七十三
辰酉二千六百七十四
辰戌二千六百七十五
辰亥二千六百七十六

星丁二百二十四

辰子二千六百七十七
辰丑二千六百七十八
辰寅二千六百七十九
辰卯二千六百八十
辰辰二千六百八十一
辰巳二千六百八十二
辰午二千六百八十三
辰未二千六百八十四
辰申二千六百八十五
辰酉二千六百八十六
辰戌二千六百八十七
辰亥二千六百八十八

星戊二百二十五

辰子二千六百八十九
辰丑二千六百九十
辰寅二千六百九十一
辰卯二千六百九十二
辰辰二千六百九十三
辰巳二千六百九十四
辰午二千六百九十五
辰未二千六百九十六
辰申二千六百九十七
辰酉二千六百九十八
辰戌二千六百九十九
辰亥二千七百

星己二百二十六

辰子二千七百一
辰丑二千七百二
辰寅二千七百三
辰卯二千七百四

辰辰二千七百五
辰巳二千七百六
辰午二千七百七
辰未二千七百八
辰申二千七百九
辰酉二千七百一十
辰戌二千七百一十一
辰亥二千七百一十二

星庚二百二十七

辰子二千七百一十三
辰丑二千七百一十四
辰寅二千七百一十五
辰卯二千七百一十六
辰辰二千七百一十七
辰巳二千七百一十八
辰午二千七百一十九
辰未二千七百二十
辰申二千七百二十一
辰酉二千七百二十二
辰戌二千七百二十三
辰亥二千七百二十四

星辛二百二十八

辰子二千七百二十五
辰丑二千七百二十六
辰寅二千七百二十七
辰卯二千七百二十八
辰辰二千七百二十九
辰巳二千七百三十
辰午二千七百三十一
辰未二千七百三十二
辰申二千七百三十三
辰酉二千七百三十四
辰戌二千七百三十五
辰亥二千七百三十六

星壬二百二十九

辰子二千七百三十七　辰丑二千七百三十八
辰寅二千七百三十九　辰卯二千七百四十
辰辰二千七百四十一　辰巳二千七百四十二
辰午二千七百四十三　辰未二千七百四十四
辰申二千七百四十五　辰酉二千七百四十六
辰戌二千七百四十七　辰亥二千七百四十八

星癸二百三十

辰子二千七百四十九　辰丑二千七百五十
辰寅二千七百五十一　辰卯二千七百五十二
辰辰二千七百五十三　辰巳二千七百五十四
辰午二千七百五十五　辰未二千七百五十六
辰申二千七百五十七　辰酉二千七百五十八
辰戌二千七百五十九　辰亥二千七百六十

星甲二百三十一

辰子二千七百六十一　辰丑二千七百六十二
辰寅二千七百六十三　辰卯二千七百六十四
辰辰二千七百六十五　辰巳二千七百六十六
辰午二千七百六十七　辰未二千七百六十八

辰申二千七百六十九

辰酉二千七百七十

辰戌二千七百七十一

辰亥二千七百七十二

星乙二百二十二

辰子二千七百七十三

辰丑二千七百七十四

辰寅二千七百七十五

辰卯二千七百七十六

辰辰二千七百七十七

辰巳二千七百七十八

辰午二千七百七十九

辰未二千七百八十

辰申二千七百八十一

辰酉二千七百八十二

辰戌二千七百八十三

辰亥二千七百八十四

星丙二百三十三

辰子二千七百八十五

辰丑二千七百八十六

辰寅二千七百八十七

辰卯二千七百八十八

辰辰二千七百八十九

辰巳二千七百九十

辰午二千七百九十一

辰未二千七百九十二

辰申二千七百九十三

辰酉二千七百九十四

辰戌二千七百九十五

辰亥二千七百九十六

星丁二百三十四

辰子二千七百九十七

辰丑二千七百九十八

辰寅二千七百九十九

辰卯二千八百

辰辰二千八百一
辰巳二千八百二
辰午二千八百三
辰未二千八百四
辰申二千八百五
辰酉二千八百六
辰戌二千八百七
辰亥二千八百八

星戊二百三十五

辰子二千八百九
辰丑二千八百十
辰寅二千八百一十一
辰卯二千八百一十二
辰辰二千八百一十三
辰巳二千八百一十四
辰午二千八百一十五
辰未二千八百一十六
辰申二千八百一十七
辰酉二千八百一十八
辰戌二千八百一十九
辰亥二千八百二十

星己二百三十六

辰子二千八百二十一
辰丑二千八百二十二
辰寅二千八百二十三
辰卯二千八百二十四
辰辰二千八百二十五
辰巳二千八百二十六
辰午二千八百二十七
辰未二千八百二十八
辰申二千八百二十九
辰酉二千八百三十
辰戌二千八百三十一
辰亥二千八百三十二

星庚二百三十七

辰子二千八百三十三
辰丑二千八百三十四
辰寅二千八百三十五
辰卯二千八百三十六
辰辰二千八百三十七
辰巳二千八百三十八
辰午二千八百三十九
辰未二千八百四十
辰申二千八百四十一
辰酉二千八百四十二
辰戌二千八百四十三
辰亥二千八百四十四

星辛二百三十八

辰子二千八百四十五
辰丑二千八百四十六
辰寅二千八百四十七
辰卯二千八百四十八
辰辰二千八百四十九
辰巳二千八百五十
辰午二千八百五十一
辰未二千八百五十二
辰申二千八百五十三
辰酉二千八百五十四
辰戌二千八百五十五
辰亥二千八百五十六

星壬二百三十九

辰子二千八百五十七
辰丑二千八百五十八
辰寅二千八百五十九
辰卯二千八百六十
辰辰二千八百六十一
辰巳二千八百六十二
辰午二千六百六十三
辰未二千六百六十四

辰申二千六百六十五　辰酉二千八百六十六

辰戌二千八百六十七　辰亥二千八百六十八

星癸二百四十

辰子二千八百六十九　辰丑二千八百七十

辰寅二千八百七十一　辰卯二千八百七十二

辰辰二千八百七十三　辰巳二千八百七十四

辰午二千八百七十五　辰未二千八百七十六

辰申二千八百七十七　辰酉二千八百七十八

辰戌二千八百七十九　辰亥二千八百八十

以元經會之九　觀物篇之九

月申九星甲二百四十一

辰子二千八百八十一　辰丑二千八百八十二

辰寅二千八百八十三　辰卯二千八百八十四

辰辰二千八百八十五　辰巳二千八百八十六

辰午二千八百八十七　辰未二千八百八十八

辰申二千八百八十九　辰酉二千八百九十

辰戌二千八百九十一　辰亥二千八百九十二

星乙二百四十二

辰子二千八百九十三　辰丑二千八百九十四

辰寅二千八百九十五　辰卯二千八百九十六

辰辰二千八百九十七　辰巳二千八百九十八

辰午二千八百九十九　辰未二千九百

辰申二千九百一　辰酉二千九百二

辰戌二千九百三　辰亥二千九百四

星丙二百四十三

辰子二千九百五　辰丑二千九百六

辰寅二千九百七　辰卯二千九百八

辰辰二千九百九　辰巳二千九百一十

辰午二千九百十一　辰未二千九百十二

辰申二千九百十三　辰酉二千九百十四

辰戌二千九百十五　辰亥二千九百十六

星丁二百四十四

辰子二千九百十七　辰丑二千九百十八

辰寅二千九百十九　辰卯二千九百二十

辰辰二千九百二十一　辰巳二千九百二十二

辰午二千九百二十三　辰未二千九百二十四

辰申二千九百二十五

辰酉二千九百二十六

辰戌二千九百二十七

辰亥二千九百二十八

星戊二百四十五

辰子二千九百二十九

辰丑二千九百三十

辰寅二千九百三十一

辰卯二千九百三十二

辰辰二千九百三十三

辰巳二千九百三十四

辰午二千九百三十五

辰未二千九百三十六

辰申二千九百三十七

辰酉二千九百三十八

辰戌二千九百三十九

辰亥二千九百四十

星己二百四十六

辰子二千九百四十一

辰丑二千九百四十二

辰寅二千九百四十三

辰卯二千九百四十四

辰辰二千九百四十五

辰巳二千九百四十六

辰午二千九百四十七

辰未二千九百四十八

辰申二千九百四十九

辰酉二千九百五十

辰戌二千九百五十一

辰亥二千九百五十二

星庚二百四十七

辰子二千九百五十三

辰丑二千九百五十四

辰寅二千九百五十五

辰卯二千九百五十六

辰辰二千九百五十七
辰巳二千九百五十八
辰午二千九百五十九
辰未二千九百六十
辰申二千九百六十一
辰酉二千九百六十二
辰戌二千九百六十三
辰亥二千九百六十四

星辛二百四十八

辰子二千九百六十五
辰丑二千九百六十六
辰寅二千九百六十七
辰卯二千九百六十八
辰辰二千九百六十九
辰巳二千九百七十
辰午二千九百七十一
辰未二千九百七十二
辰申二千九百七十三
辰酉二千九百七十四
辰戌二千九百七十五
辰亥二千九百七十六

星壬二百四十九

辰子二千九百七十七
辰丑二千九百七十八
辰寅二千九百七十九
辰卯二千九百八十
辰辰二千九百八十一
辰巳二千九百八十二
辰午二千九百八十三
辰未二千九百八十四
辰申二千九百八十五
辰酉二千九百八十六
辰戌二千九百八十七
辰亥二千九百八十八

星癸 二百五十

辰子 二千九百八十九　辰丑 二千九百九十

辰寅 二千九百九十一　辰卯 二千九百九十二

辰辰 二千九百九十三　辰巳 二千九百九十四

辰午 二千九百九十五　辰未 二千九百九十六

辰申 二千九百九十七　辰酉 二千九百九十八

辰戌 二千九百九十九　辰亥 三千

星甲 二百五十一

辰子 三千一　辰丑 三千二

辰寅 三千三　辰卯 三千四

辰辰 三千五　辰巳 三千六

辰午 三千七　辰未 三千八

辰申 三千九　辰酉 三千一十

辰戌 三千一十一　辰亥 三千一十二

星乙 二百五十二

辰子 三千一十三　辰丑 三千一十四

辰寅 三千一十五　辰卯 三千一十六

辰辰 三千一十七　辰巳 三千一十八

辰午 三千一十九　辰未 三千二十

辰申三千二十一
辰酉三千二十二
辰戌三千二十三
辰亥三千二十四

星丙二百五十三

辰子三千二十五
辰丑三千二十六
辰寅三千二十七
辰卯三千二十八
辰辰三千二十九
辰巳三千三十
辰午三千三十一
辰未三千三十二
辰申三千三十三
辰酉三千三十四
辰戌三千三十五
辰亥三千三十六

星丁二百五十四

辰子三千三十七
辰丑三千三十八
辰寅三千三十九
辰卯三千四十
辰辰三千四十一
辰巳三千四十二
辰午三千四十三
辰未三千四十四
辰申三千四十五
辰酉三千四十六
辰戌三千四十七
辰亥三千四十八

星戊二百五十五

辰子三千四十九
辰丑三千五十
辰寅三千五十一
辰卯三千五十二

辰辰三千五十三
辰巳三千五十四
辰午三千五十五
辰未三千五十六
辰申三千五十七
辰酉三千五十八
辰戌三千五十九
辰亥三千六十

星己二百五十六

辰子三千六十一
辰丑三千六十二
辰寅三千六十三
辰卯三千六十四
辰辰三千六十五
辰巳三千六十六
辰午三千六十七
辰未三千六十八
辰申三千六十九
辰酉三千七十
辰戌三千七十一
辰亥三千七十二

星庚二百五十七

辰子三千七十三
辰丑三千七十四
辰寅三千七十五
辰卯三千七十六
辰辰三千七十七
辰巳三千七十八
辰午三千七十九
辰未三千八十
辰申三千八十一
辰酉三千八十二
辰戌三千八十三
辰亥三千八十四

星辛二百五十八

辰子三千八十五　辰丑三千八十六
辰寅三千八十七　辰卯三千八十八
辰辰三千八十九　辰巳三千九十
辰午三千九十一　辰未三千九十二
辰申三千九十三　辰酉三千九十四
辰戌三千九十五　辰亥三千九十六

星壬二百五十九

辰子三千九十七　辰丑三千九十八
辰寅三千九十九　辰卯三千一百
辰辰三千一百一　辰巳三千一百二
辰午三千一百三　辰未三千一百四
辰申三千一百五　辰酉三千一百六
辰戌三千一百七　辰亥三千一百八

星癸二百六十

辰子三千一百九　辰丑三千一百一十
辰寅三千一百一十一　辰卯三千一百一十二
辰辰三千一百一十三　辰巳三千一百一十四
辰午三千一百一十五　辰未三千一百一十六

辰申三千一百一十七
辰酉三千一百一十八
辰戌三千一百一十九
辰亥三千一百二十

星甲二百六十一

辰子三千一百二十一
辰丑三千一百二十二
辰寅三千一百二十三
辰卯三千一百二十四
辰辰三千一百二十五
辰巳三千一百二十六
辰午三千一百二十七
辰未三千一百二十八
辰申三千一百二十九
辰酉三千一百三十
辰戌三千一百三十一
辰亥三千一百三十二

星乙二百六十二

辰子三千一百三十三
辰丑三千一百三十四
辰寅三千一百三十五
辰卯三千一百三十六
辰辰三千一百三十七
辰巳三千一百三十八
辰午三千一百三十九
辰未三千一百四十
辰申三千一百四十一
辰酉三千一百四十二
辰戌三千一百四十三
辰亥三千一百四十四

星丙二百六十三

辰子三千一百四十五
辰丑三千一百四十六
辰寅三千一百四十七
辰卯三千一百四十八

辰辰四千一百四十九
辰巳三千一百五十
辰午三千一百五十一
辰未三千一百五十二
辰申三千一百五十三
辰酉三千一百五十四
辰戌三千一百五十五
辰亥三千一百五十六

星丁二百六十四

辰子三千一百五十七
辰丑三千一百五十八
辰寅三千一百五十九
辰卯三千一百六十
辰辰三千一百六十一
辰巳三千一百六十二
辰午三千一百六十三
辰未三千一百六十四
辰申三千一百六十五
辰酉三千一百六十六
辰戌三千一百六十七
辰亥三千一百六十八

星戊二百六十五

辰子三千一百六十九
辰丑三千一百七十
辰寅三千一百七十一
辰卯三千一百七十二
辰辰三千一百七十三
辰巳三千一百七十四
辰午三千一百七十五
辰未三千一百七十六
辰申三千一百七十七
辰酉三千一百七十八
辰戌三千一百七十九
辰亥三千一百八十

星己 二百六十六

辰子 三千一百八十一
辰丑 三千一百八十二
辰寅 三千一百八十三
辰卯 三千一百八十四
辰辰 三千一百八十五
辰巳 三千一百八十六
辰午 三千一百八十七
辰未 三千一百八十八
辰申 三千一百八十九
辰酉 三千一百九十
辰戌 三千一百九十一
辰亥 三千一百九十二

星庚 二百六十七

辰子 三千一百九十三
辰丑 三千一百九十四
辰寅 三千一百九十五
辰卯 三千一百九十六
辰辰 三千一百九十七
辰巳 三千一百九十八
辰午 三千一百九十九
辰未 三千二百
辰申 三千二百一
辰酉 三千二百二
辰戌 三千二百三
辰亥 三千二百四

星辛 二百六十六

辰子 三千二百五
辰丑 三千二百六
辰寅 三千二百七
辰卯 三千二百八
辰辰 三千二百九
辰巳 三千二百一十
辰午 三千二百一十一
辰未 三千二百一十二

星壬二百六十九

辰申三千二百一十三
辰酉三千二百一十四
辰戌三千二百一十五
辰亥三千二百一十六
辰子三千二百一十七
辰丑三千二百一十八
辰寅三千二百一十九
辰卯三千二百二十
辰辰三千二百二十一
辰巳三千二百二十二
辰午三千二百二十三
辰未三千二百二十四
辰申三千二百二十五
辰酉三千二百二十六
辰戌三千二百二十七
辰亥三千二百二十八

星癸二百七十

辰子三千二百二十九
辰丑三千二百三十
辰寅三千二百三十一
辰卯三千二百三十二
辰辰三千二百三十三
辰巳三千二百三十四
辰午三千二百三十五
辰未三千二百三十六
辰申三千二百三十七
辰酉三千二百三十八
辰戌三千二百三十九
辰亥三千二百四十

以元經會之十　觀物篇之十

月酉十星甲二百七十一

辰子三千二百四十一　辰丑三千二百四十二

辰寅三千二百四十三　辰卯三千二百四十四

辰辰三千二百四十五　辰巳三千二百四十六

辰午三千二百四十七　辰未三千二百四十八

辰申三千二百四十九　辰酉三千二百五十

辰戌三千二百五十一　辰亥三千二百五十二

星乙二百七十二

辰子三千二百五十三　辰丑三千二百五十四

辰寅三千二百五十五　辰卯三千二百五十六

辰辰三千二百五十七　辰巳三千二百五十八

辰午三千二百五十九　辰未三千二百六十

辰申三千二百六十一　辰酉三千二百六十二

辰戌三千二百六十三　辰亥三千二百六十四

星丙二百七十三

辰子三千二百六十五　辰丑三千二百六十六

辰寅三千二百六十七　辰卯三千二百六十八

辰辰三千二百六十九
辰巳三千二百七十
辰午三千二百七十一
辰未三千二百七十二
辰申三千二百七十三
辰酉三千二百七十四
辰戌三千二百七十五
辰亥三千二百七十六

星丁二百七十四

辰子三千二百七十七
辰丑三千二百七十八
辰寅三千二百七十九
辰卯三千二百八十
辰辰三千二百八十一
辰巳三千二百八十二
辰午三千二百八十三
辰未三千二百八十四
辰申三千二百八十五
辰酉三千二百八十六
辰戌三千二百八十七
辰亥三千二百八十八

星戊二百七十五

辰子三千二百八十九
辰丑三千二百九十
辰寅三千二百九十一
辰卯三千二百九十二
辰辰三千二百九十三
辰巳三千二百九十四
辰午三千二百九十五
辰未三千二百九十六
辰申三千二百九十七
辰酉三千二百九十八
辰戌三千二百九十九
辰亥三千三百

星己 二百七十六

辰子 三千三百一　辰丑 三千三百二
辰寅 三千三百三　辰卯 三千三百四
辰辰 三千三百五　辰巳 三千三百六
辰午 三千三百七　辰未 三千三百八
辰申 三千三百九　辰酉 三千三百一十
辰戌 三千三百一十一　辰亥 三千三百一十二

星庚 二百七十七

辰子 三千三百一十三　辰丑 三千三百一十四
辰寅 三千三百一十五　辰卯 三千三百一十六
辰辰 三千三百一十七　辰巳 三千三百一十八
辰午 三千三百一十九　辰未 三千三百二十
辰申 三千三百二十一　辰酉 三千三百二十二
辰戌 三千三百二十三　辰亥 三千三百二十四

星辛 二百七十八

辰子 三千三百二十五　辰丑 三千三百二十六
辰寅 三千三百二十七　辰卯 三千三百二十八
辰辰 三千三百二十九　辰巳 三千三百三十
辰午 三千三百三十一　辰未 三千三百三十二

辰申三千三百三十三
辰酉三千三百三十四
辰戌三千三百三十五
辰亥三千三百三十六

星壬二百七十九

辰子三千三百三十七
辰丑三千三百三十八
辰寅三千三百三十九
辰卯三千三百四十
辰辰三千三百四十一
辰巳三千三百四十二
辰午三千三百四十三
辰未三千三百四十四
辰申三千三百四十五
辰酉三千三百四十六
辰戌三千三百四十七
辰亥三千三百四十八

星癸二百八十

辰子三千三百四十九
辰丑三千三百五十
辰寅三千三百五十一
辰卯三千三百五十二
辰辰三千三百五十三
辰巳三千三百五十四
辰午三千三百五十五
辰未三千三百五十六
辰申三千三百五十七
辰酉三千三百五十八
辰戌三千三百五十九
辰亥三千三百六十

星甲二百八十一

辰子三千三百六十一
辰丑三千三百六十二
辰寅三千三百六十三
辰卯三千三百六十四

辰辰三千三百六十五　辰巳三千三百六十六
辰午三千三百六十七　辰未三千三百六十八
辰申三千三百六十九　辰酉三千三百七十
辰戌三千三百七十一　辰亥三千三百七十二

星乙二百八十二

辰子三千三百七十三　辰丑三千三百七十四
辰寅三千三百七十五　辰卯三千三百七十六
辰辰三千三百七十七　辰巳三千三百七十八
辰午三千三百七十九　辰未三千三百八十
辰申三千三百八十一　辰酉三千三百八十二
辰戌三千三百八十三　辰亥三千三百八十四

星丙二百八十三

辰子三千三百八十五　辰丑三千三百八十六
辰寅三千三百八十七　辰卯三千三百八十八
辰辰三千三百八十九　辰巳三千三百九十
辰午三千三百九十一　辰未三千三百九十二
辰申三千三百九十三　辰酉三千三百九十四
辰戌三千三百九十五　辰亥三千三百九十六

星丁二百八十四

辰子三千三百九十七
辰丑三千三百九十八
辰寅三千三百九十九
辰卯三千四百
辰辰三千四百一
辰巳三千四百二
辰午三千四百三
辰未三千四百四
辰申三千四百五
辰酉三千四百六
辰戌三千四百七
辰亥三千四百八

星戊二百八十五

辰子三千四百九
辰丑三千四百一十
辰寅三千四百一十一
辰卯三千四百一十二
辰辰三千四百一十三
辰巳三千四百一十四
辰午三千四百一十五
辰未三千四百一十六
辰申三千四百一十七
辰酉三千四百一十八
辰戌三千四百一十九
辰亥三千四百二十

星己二百八十六

辰子三千四百二十一
辰丑三千四百二十二
辰寅三千四百二十三
辰卯三千四百二十四
辰辰三千四百二十五
辰巳三千四百二十六
辰午三千四百二十七
辰未三千四百二十八

辰申三千四百二十九
辰酉三千四百三十
辰戌三千四百三十一
辰亥三千四百三十二

星庚二百八十七

辰子三千四百三十三
辰丑三千四百三十四
辰寅三千四百三十五
辰卯三千四百三十六
辰辰三千四百三十七
辰巳三千四百三十八
辰午三千四百三十九
辰未三千四百四十
辰申三千四百四十一
辰酉三千四百四十二
辰戌三千四百四十三
辰亥三千四百四十四

星辛二百八十八

辰子三千四百四十五
辰丑三千四百四十六
辰寅三千四百四十七
辰卯三千四百四十八
辰辰三千四百四十九
辰巳三千四百五十
辰午三千四百五十一
辰未三千五百五十二
辰申三千四百五十三
辰酉三千四百五十四
辰戌三千四百五十五
辰亥三千四百五十六

星壬二百八十九

辰子三千四百五十七
辰丑三千四百五十八
辰寅三千四百五十九
辰卯三千四百六十

辰辰三千四百六十一
辰巳三千四百六十二
辰午三千四百六十三
辰未三千四百六十四
辰申三千四百六十五
辰酉三千四百六十六
辰戌三千四百六十七
辰亥三千四百六十八

星癸二百九十

辰子三千四百六十九
辰丑三千四百七十
辰寅三千四百七十一
辰卯三千四百七十二
辰辰三千四百七十三
辰巳三千四百七十四
辰午三千四百七十五
辰未三千四百七十六
辰申三千四百七十七
辰酉三千四百七十八
辰戌三千四百七十九
辰亥三千四百八十

星甲二百九十一

辰子三千四百八十一
辰丑三千四百八十二
辰寅三千四百八十三
辰卯三千四百八十四
辰辰三千四百八十五
辰巳三千四百八十六
辰午三千四百八十七
辰未三千四百八十八
辰申三千四百八十九
辰酉三千四百九十
辰戌三千四百九十一
辰亥三千四百九十二

星乙 二百九十二

辰子 三千四百九十三
辰丑 三千四百九十四
辰寅 三千四百九十五
辰卯 三千四百九十六
辰辰 三千四百九十七
辰巳 三千四百九十八
辰午 三千四百九十九
辰未 三千五百
辰申 三千五百一
辰酉 三千五百二
辰戌 三千五百三
辰亥 三千五百四

星丙 二百九十三

辰子 三千五百五
辰丑 三千五百六
辰寅 三千五百七
辰卯 三千五百八
辰辰 三千五百九
辰巳 三千五百一十
辰午 三千五百一十一
辰未 三千五百一十二
辰申 三千五百一十三
辰酉 三千五百一十四
辰戌 三千五百一十五
辰亥 三千五百一十六

星丁 二百九十四

辰子 三千五百一十七
辰丑 三千五百一十八
辰寅 三千五百一十九
辰卯 三千五百二十
辰辰 三千五百二十一
辰巳 三千五百二十二
辰午 三千五百二十三
辰未 三千五百二十四

辰申三千五百二十五
辰酉三千五百二十六
辰戌三千五百二十七
辰亥三千五百二十八

星戊二百九十五

辰子三千五百二十九
辰丑三千五百三十
辰寅三千五百三十一
辰卯三千五百三十二
辰辰三千五百三十三
辰巳三千五百三十四
辰午三千五百三十五
辰未三千五百三十六
辰申三千五百三十七
辰酉三千五百三十八
辰戌三千五百三十九
辰亥三千五百四十

星己二百九十六

辰子三千五百四十一
辰丑三千五百四十二
辰寅三千五百四十三
辰卯三千五百四十四
辰辰三千五百四十五
辰巳三千五百四十六
辰午三千五百四十七
辰未三千五百四十八
辰申三千五百四十九
辰酉三千五百五十
辰戌三千五百五十一
辰亥三千五百五十二

星庚二百九十七

辰子三千五百五十三
辰丑三千五百五十四
辰寅三千五百五十五
辰卯三千五百五十六

辰辰三千五百五十七
辰巳三千五百五十八
辰午三千五百五十九
辰未三千五百六十
辰申三千五百六十一
辰酉三千五百六十二
辰戌三千五百六十三
辰亥三千五百六十四

星辛二百九十八

辰子三千五百六十五
辰丑三千五百六十六
辰寅三千五百六十七
辰卯三千五百六十八
辰辰三千五百六十九
辰巳三千五百七十
辰午三千五百七十一
辰未三千五百七十二
辰申三千五百七十三
辰酉三千五百七十四
辰戌三千五百七十五
辰亥三千五百七十六

星壬二百九十九

辰子三千五百七十七
辰丑三千五百七十八
辰寅三千五百七十九
辰卯三千五百八十
辰辰三千五百八十一
辰巳三千五百八十二
辰午三千五百八十三
辰未三千五百八十四
辰申三千五百八十五
辰酉三千五百八十六
辰戌三千五百八十七
辰亥三千五百八十八

星癸三百

辰子三千五百八十九　辰丑三千五百九十
辰寅三千五百九十一　辰卯三千五百九十二
辰辰三千五百九十三　辰巳三千五百九十四
辰午三千五百九十五　辰未三千五百九十六
辰申三千五百九十七　辰酉三千五百九十八
辰戌三千五百九十九　辰亥三千六百

以元經會之十一　觀物篇之十一

月戌十一　星甲三百一

辰子三千六百一　辰丑三千六百二
辰寅三千六百三　辰卯三千六百四
辰辰三千六百五　辰巳三千六百六
辰午三千六百七　辰未三千六百八
辰申三千六百九　辰酉三千六百一十
辰戌三千六百一十一　辰亥三千六百一十二

星乙三百二

辰子三千六百一十三　辰丑三千六百一十四
辰寅三千六百一十五　辰卯三千六百一十六

辰辰三千六百一十七
辰巳三千六百一十八
辰午三千六百一十九
辰未三千六百二十
辰申三千六百二十一
辰酉三千六百二十二
辰戌三千六百二十三
辰亥三千六百二十四

星丙三百三

辰子三千六百二十五
辰丑三千六百二十六
辰寅三千六百二十七
辰卯三千六百二十八
辰辰三千六百二十九
辰巳三千六百三十
辰午三千六百三十一
辰未三千六百三十二
辰申三千六百三十三
辰酉三千六百三十四
辰戌三千六百三十五
辰亥三千六百三十六

星丁三百四

辰子三千六百三十七
辰丑三千六百三十八
辰寅三千六百三十九
辰卯三千六百四十
辰辰三千六百四十一
辰巳三千六百四十二
辰午三千六百四十三
辰未三千六百四十四
辰申三千六百四十五
辰酉三千六百四十六
辰戌三千六百四十七
辰亥三千六百四十八

星戊三百五

辰子三千六百四十九 辰丑三千六百五十

辰寅三千六百五十一 辰卯三千六百五十二

辰辰三千六百五十三 辰巳三千六百五十四

辰午三千六百五十五 辰未三千六百五十六

辰申三千六百五十七 辰酉三千六百五十八

辰戌三千六百五十九 辰亥三千六百六十

星己三百六

辰子三千六百六十一 辰丑三千六百六十二

辰寅三千六百六十三 辰卯三千六百六十四

辰辰三千六百六十五 辰巳三千六百六十六

辰午三千六百六十七 辰未三千六百六十八

辰申三千六百六十九 辰酉三千六百七十

辰戌三千六百七十一 辰亥三千六百七十二

星庚三百七

辰子三千六百七十三 辰丑三千六百七十四

辰寅三千六百七十五 辰卯三千六百七十六

辰辰三千六百七十七 辰巳三千六百七十八

辰午三千六百七十九 辰未三千六百八十

辰申三千六百八十一　辰酉三千六百八十二

辰戌三千六百八十三　辰亥三千六百八十四

星辛三百八

辰子三千六百八十五　辰丑三千六百八十六

辰寅三千六百八十七　辰卯三千六百八十八

辰辰三千六百八十九　辰巳三千六百九十

辰午三千六百九十一　辰未三千六百九十二

辰申三千六百九十三　辰酉三千六百九十四

辰戌三千六百九十五　辰亥三千六百九十六

星壬三百九

辰子三千六百九十七　辰丑三千六百九十八

辰寅三千六百九十九　辰卯三千七百

辰辰三千七百一　辰巳三千七百二

辰午三千七百三　辰未三千七百四

辰申三千七百五　辰酉三千七百六

辰戌三千七百七　辰亥三千七百八

星癸三百一十

辰子三千七百九　辰丑三千七百一十

辰寅三千七百一十一　辰卯三千七百一十二

辰辰三千七百一十三
辰巳三千七百一十四
辰午三千七百一十五
辰未三千七百一十六
辰申三千七百一十七
辰酉三千七百一十八
辰戌三千七百一十九
辰亥三千七百二十

星甲三百一十一

辰子三千七百二十一
辰丑三千七百二十二
辰寅三千七百二十三
辰卯三千七百二十四
辰辰三千七百二十五
辰巳三千七百二十六
辰午三千七百二十七
辰未三千七百二十八
辰申三千七百二十九
辰酉三千七百三十
辰戌三千七百三十一
辰亥三千七百三十二

星乙三百一十二

辰子三千七百三十三
辰丑三千七百三十四
辰寅三千七百三十五
辰卯三千七百三十六
辰辰三千七百三十七
辰巳三千七百三十八
辰午三千七百三十九
辰未三千七百四十
辰申三千七百四十一
辰酉三千七百四十二
辰戌三千七百四十三
辰亥三千七百四十四

星丙三百一十三

辰子三千七百四十五　辰丑三千七百四十六

辰寅三千七百四十七　辰卯三千七百四十八

辰辰三千七百四十九　辰巳三千七百五十

辰午三千七百五十一　辰未三千七百五十二

辰申三千七百五十三　辰酉三千七百五十四

辰戌三千七百五十五　辰亥三千七百五十六

星丁三百一十四

辰子三千七百五十七　辰丑三千七百五十八

辰寅三千七百五十九　辰卯三千七百六十

辰辰三千七百六十一　辰巳三千七百六十二

辰午三千七百六十三　辰未三千七百六十四

辰申三千七百六十五　辰酉三千七百六十六

辰戌三千七百六十七　辰亥三千七百六十八

星戊三百一十五

辰子三千七百六十九　辰丑三千七百七十

辰寅三千七百七十一　辰卯三千七百七十二

辰辰三千七百七十三　辰巳三千七百七十四

辰午三千七百七十五　辰未三千七百七十六

辰申三千七百七十七
辰酉三千七百七十八
辰戌三千七百七十九
辰亥三千七百八十

星己三百一十六

辰子三千七百八十一
辰丑三千七百八十二
辰寅三千七百八十三
辰卯三千七百八十四
辰辰三千七百八十五
辰巳三千七百八十六
辰午三千七百八十七
辰未三千七百八十八
辰申三千七百八十九
辰酉三千七百九十
辰戌三千七百九十一
辰亥三千七百九十二

星庚三百一十七

辰子三千七百九十三
辰丑三千七百九十四
辰寅三千七百九十五
辰卯三千七百九十六
辰辰三千七百九十七
辰巳三千七百九十八
辰午三千七百九十九
辰未三千八百
辰申三千八百一
辰酉三千八百二
辰戌三千八百三
辰亥三千八百四

星辛三百一十八

辰子三千八百五
辰丑三千八百六
辰寅三千八百七
辰卯三千八百八

辰辰三千八百九
辰巳三千八百一十
辰午三千八百一十一
辰未三千八百一十二
辰申三千八百一十三
辰酉三千八百一十四
辰戌三千八百一十五
辰亥三千八百一十六

星壬三百一十九

辰子三千八百一十七
辰丑三千八百一十八
辰寅三千八百一十九
辰卯三千八百二十
辰辰三千八百二十一
辰巳三千八百二十二
辰午三千八百二十三
辰未三千八百二十四
辰申三千八百二十五
辰酉三千八百二十六
辰戌三千八百二十七
辰亥三千八百二十八

星癸三百二十

辰子三千八百二十九
辰丑三千八百三十
辰寅三千八百三十一
辰卯三千八百三十二
辰辰三千八百三十三
辰巳三千八百三十四
辰午三千八百三十五
辰未三千八百三十六
辰申三千八百三十七
辰酉三千八百三十八
辰戌三千八百三十九
辰亥三千八百四十

星甲三百二十一

辰子三千八百四十一
辰丑三千八百四十二
辰寅三千八百四十三
辰卯三千八百四十四
辰辰三千八百四十五
辰巳三千八百四十六
辰午三千八百四十七
辰未三千八百四十八
辰申三千八百四十九
辰酉三千八百五十
辰戌三千八百五十一
辰亥三千八百五十二

星乙三百二十二

辰子三千八百五十三
辰丑三千八百五十四
辰寅三千八百五十五
辰卯三千八百五十六
辰辰三千八百五十七
辰巳三千八百五十八
辰午三千八百五十九
辰未三千八百六十
辰申三千八百六十一
辰酉三千八百六十二
辰戌三千八百六十三
辰亥三千八百六十四

星丙三百二十三

辰子三千八百六十五
辰丑三千八百六十六
辰寅三千八百六十七
辰卯三千八百六十八
辰辰三千八百六十九
辰巳三千八百七十
辰午三千八百七十一
辰未三千八百七十二

星丁三百二十四

辰申三千八百七十三　辰酉三千八百七十四
辰戌三千八百七十五　辰亥三千八百七十六
辰子三千八百七十七　辰丑三千八百七十八
辰寅三千八百七十九　辰卯三千八百八十
辰辰三千八百八十一　辰巳三千八百八十二
辰午三千八百八十三　辰未三千八百八十四
辰申三千八百八十五　辰酉三千八百八十六
辰戌三千八百八十七　辰亥三千八百八十八

星戊三百二十五

辰子三千八百八十九　辰丑三千八百九十
辰寅三千八百九十一　辰卯三千八百九十二
辰辰三千八百九十三　辰巳三千八百九十四
辰午三千八百九十五　辰未三千八百九十六
辰申三千八百九十七　辰酉三千八百九十八
辰戌三千八百九十九　辰亥三千九百

星己三百二十六

辰子三千九百一　辰丑三千九百二
辰寅三千九百三　辰卯三千九百四

辰辰三千九百五　辰巳三千九百六
辰午三千九百七　辰未三千九百八
辰申三千九百九　辰酉三千九百一十
辰戌三千九百一十一　辰亥三千九百一十二

星庚三百二十七

辰子三千九百一十三　辰丑三千九百一十四
辰寅三千九百一十五　辰卯三千九百一十六
辰辰三千九百一十七　辰巳三千九百一十八
辰午三千九百一十九　辰未三千九百二十
辰申三千九百二十一　辰酉三千九百二十二
辰戌三千九百二十三　辰亥三千九百二十四

星辛三百二十八

辰子三千九百二十五　辰丑三千九百二十六
辰寅三千九百二十七　辰卯三千九百二十八
辰辰三千九百二十九　辰巳三千九百三十
辰午三千九百三十一　辰未三千九百三十二
辰申三千九百三十三　辰酉三千九百三十四
辰戌三千九百三十五　辰亥三千九百三十六

星壬 三百二十九

辰子 三千九百三十七　辰丑 三千九百三十八

辰寅 三千九百三十九　辰卯 三千九百四十

辰辰 三千九百四十一　辰巳 三千九百四十二

辰午 三千九百四十三　辰未 三千九百四十四

辰申 三千九百四十五　辰酉 三千九百四十六

辰戌 三千九百四十七　辰亥 三千九百四十八

星癸 三百三十

辰子 三千九百四十九　辰丑 三千九百五十

辰寅 三千九百五十一　辰卯 三千九百五十二

辰辰 三千九百五十三　辰巳 三千九百五十四

辰午 三千九百五十五　辰未 三千九百五十六

辰申 三千九百五十七　辰酉 三千九百五十八

辰戌 三千九百五十九　辰亥 三千九百六十

以元經會之十二　觀物篇之十二

月亥 十二 星甲 三百三十一

辰子 三千九百六十一　辰丑 三千九百六十二

辰寅三千九百六十三　辰卯三千九百六十四
辰辰三千九百六十五　辰巳三千九百六十六
辰午三千九百六十七　辰未三千九百六十八
辰申三千九百六十九　辰酉三千九百七十
辰戌三千九百七十一　辰亥三千九百七十二

星乙三百三十二

辰子三千九百七十三　辰丑三千九百七十四
辰寅三千九百七十五　辰卯三千九百七十六
辰辰三千九百七十七　辰巳三千九百七十八
辰午三千九百七十九　辰未三千九百八十
辰申三千九百八十一　辰酉三千九百八十二
辰戌三千九百八十三　辰亥三千九百八十四

星丙三百三十三

辰子三千九百八十五　辰丑三千九百八十六
辰寅三千九百八十七　辰卯三千九百八十八
辰辰三千九百八十九　辰巳三千九百九十
辰午三千九百九十一　辰未三千九百九十二
辰申三千九百九十三　辰酉三千九百九十四

辰戌三千九百九十五　辰亥三千九百九十六

星丁三百三十四

辰子三千九百九十七　辰丑三千九百九十八
辰寅三千九百九十九　辰卯四千
辰辰四千一　辰巳四千二
辰午四千三　辰未四千四
辰申四千五　辰酉四千六
辰戌四千七　辰亥四千八

星戊三百三十五

辰子四千九　辰丑四千一十
辰寅四千一十一　辰卯四千一十二
辰辰四千一十三　辰巳一千一十四
辰午四千一十五　辰未四千一十六
辰申四千一十七　辰酉四千一十八
辰戌四千一十九　辰亥四千二十

星己三百三十六

辰子四千二十一　辰丑四千二十二
辰寅四千二十三　辰卯四千二十四
辰辰四千二十五　辰巳四千二十六

辰午 四千二十七　辰未 四千二十八
辰申 四千二十九　辰酉 四千三十
辰戌 四千三十一　辰亥 四千三十二

星庚 三百三十七

辰子 四千三十三　辰丑 四千三十四
辰寅 四千三十五　辰卯 四千三十六
辰辰 四千三十七　辰巳 四千三十八
辰午 四千三十九　辰未 四千四十
辰申 四千四十一　辰酉 四千四十二
辰戌 四千四十三　辰亥 四千四十四

星辛 三百三十八

辰子 四千四十五　辰丑 四千四十六
辰寅 四千四十七　辰卯 四千四十八
辰辰 四千四十九　辰巳 四千五十
辰午 四千五十一　辰未 四千五十二
辰申 四千五十三　辰酉 四千五十四
辰戌 四千五十五　辰亥 四千五十六

星壬 三百三十九

辰子 四千五十七　辰丑 四千五十八

辰寅四千五十九
辰卯四千六十
辰辰四千六十一
辰巳四千六十二
辰午四千六十三
辰未四千六十四
辰申四千六十五
辰酉四千六十六
辰戌四千六十七
辰亥四千六十八

星癸三百四十

辰子四千六十九
辰丑四千七十
辰寅四千七十一
辰卯四千七十二
辰辰四千七十三
辰巳四千七十四
辰午四千七十五
辰未四千七十六
辰申四千七十七
辰酉四千七十八
辰戌四千七十九
辰亥四千八十

星甲三百四十一

辰子四千八十一
辰丑四千八十二
辰寅四千八十三
辰卯四千八十四
辰辰四千八十五
辰巳四千八十六
辰午四千八十七
辰未四千八十八
辰申四千八十九
辰酉四千九十

辰戌四千九十一
辰亥四千九十二

星乙三百四十二

辰子四千九十三
辰丑四千九十四
辰寅四千九十五
辰卯四千九十六
辰辰四千九十七
辰巳四千九十八
辰午四千九十九
辰未四千一百
辰申四千一百一
辰酉四千一百二
辰戌四千一百三
辰亥四千一百四

星丙三百四十三

辰子四千一百五
辰丑四千一百六
辰寅四千一百七
辰卯四千一百八
辰辰四千一百九
辰巳四千一百一十
辰午四千一百一十一
辰未四千一百一十二
辰申四千一百一十三
辰酉四千一百一十四
辰戌四千一百一十五
辰亥四千一百一十六

星丁三百四十四

辰子四千一百一十七
辰丑四千一百一十八
辰寅四千一百一十九
辰卯四千一百二十
辰辰四千一百二十一
辰巳四千一百二十二

辰午四千一百二十三
辰未四千一百二十四
辰申四千一百二十五
辰酉四千一百二十六
辰戌四千一百二十七
辰亥四千一百二十八

星戊三百四十五

辰子四千一百二十九
辰丑四千一百三十
辰寅四千一百三十一
辰卯四千一百三十二
辰辰四千一百三十三
辰巳四千一百三十四
辰午四千一百三十五
辰未四千一百三十六
辰申四千一百三十七
辰酉四千一百三十八
辰戌四千一百三十九
辰亥四千一百四十

星己三百四十六

辰子四千一百四十一
辰丑四千一百四十二
辰寅四千一百四十三
辰卯四千一百四十四
辰辰四千一百四十五
辰巳四千一百四十六
辰午四千一百四十七
辰未四千一百四十八
辰申四千一百四十九
辰酉四千一百五十
辰戌四千一百五十一
辰亥四千一百五十二

星庚三百四十七

辰子四千一百五十三
辰丑四千一百五十四

辰寅四千一百五十五
辰卯四千一百五十六
辰辰四千一百五十七
辰巳四千一百五十八
辰午四千一百五十九
辰未四千一百六十
辰申四千一百六十一
辰酉四千一百六十二
辰戌四千一百六十三
辰亥四千一百六十四

星辛三百四十八

辰子四千一百六十五
辰丑四千一百六十六
辰寅四千一百六十七
辰卯四千一百六十八
辰辰四千一百六十九
辰巳四千一百七十
辰午四千一百七十一
辰未四千一百七十二
辰申四千一百七十三
辰酉四千一百七十四
辰戌四千一百七十五
辰亥四千一百七十六

星壬三百四十九

辰子四千一百七十七
辰丑四千一百七十八
辰寅四千一百七十九
辰卯四千一百八十
辰辰四千一百八十一
辰巳四千一百八十二
辰午四千一百八十三
辰未四千一百八十四
辰申四千一百八十五
辰酉四千一百八十六

星癸 三百五十

辰戌 四千一百八十七
辰亥 四千一百八十八
辰子 四千一百八十九
辰丑 四千一百九十
辰寅 四千一百九十一
辰卯 四千一百九十二
辰辰 四千一百九十三
辰巳 四千一百九十四
辰午 四千一百九十五
辰未 四千一百九十六
辰申 四千一百九十七
辰酉 四千一百九十八
辰戌 四千一百九十九
辰亥 四千二百

星甲 三百五十一

辰子 四千二百一
辰丑 四千二百二
辰寅 四千二百三
辰卯 四千二百四
辰辰 四千二百五
辰巳 四千二百六
辰午 四千二百七
辰未 四千二百八
辰申 四千二百九
辰酉 四千二百一十
辰戌 四千二百一十一
辰亥 四千二百一十二

星乙 三百五十二

辰子 四千二百一十三
辰丑 四千二百一十四
辰寅 四千二百一十五
辰卯 四千二百一十六
辰辰 四千二百一十七
辰巳 四千二百一十八

辰午四千二百一十九　辰未四千二百二十

辰申四千二百二十一　辰酉四千二百二十二

辰戌四千二百二十三　辰亥四千二百二十四

星丙三百五十三

辰子四千二百二十五　辰丑四千二百二十六

辰寅四千二百二十七　辰卯四千二百二十八

辰辰四千二百二十九　辰巳四千二百三十

辰午四千二百三十一　辰未四千二百三十二

辰申四千二百三十三　辰酉四千二百三十四

辰戌四千二百三十五　辰亥四千二百三十六

星丁三百五十四

辰子四千二百三十七　辰丑四千二百三十八

辰寅四千二百三十九　辰卯四千二百四十

辰辰四千二百四十一　辰巳四千二百四十二

辰午四千二百四十三　辰未四千二百四十四

辰申四千二百四十五　辰酉四千二百四十六

辰戌四千二百四十七　辰亥四千二百四十八

星戊三百五十五

辰子四千二百四十九　辰丑四千二百五十

辰寅四千二百五十一　辰卯四千二百五十二
辰辰四千二百五十三　辰巳四千二百五十四
辰午四千二百五十五　辰未四千二百五十六
辰申四千二百五十七　辰酉四千二百五十八
辰戌四千二百五十九　辰亥四千二百六十

星己三百五十六

辰子四千二百六十一　辰丑四千二百六十二
辰寅四千二百六十三　辰卯四千二百六十四
辰辰四千二百六十五　辰巳四千二百六十六
辰午四千二百六十七　辰未四千二百六十八
辰申四千二百六十九　辰酉四千二百七十
辰戌四千二百七十一　辰亥四千二百七十二

星庚三百五十七

辰子四千二百七十三　辰丑四千二百七十四
辰寅四千二百七十五　辰卯四千二百七十六
辰辰四千二百七十七　辰巳四千二百七十八
辰午四千二百七十九　辰未四千二百八十
辰申四千二百八十一　辰酉四千二百八十二

辰戌四千二百八十三
辰亥四千二百八十四

星辛三百五十八

辰子四千二百八十五
辰丑四千二百八十六
辰寅四千二百八十七
辰卯四千二百八十八
辰辰四千二百八十九
辰巳四千二百九十
辰午四千二百九十一
辰未四千二百九十二
辰申四千二百九十三
辰酉四千二百九十四
辰戌四千二百九十五
辰亥四千二百九十六

星壬三百五十九

辰子四千二百九十七
辰丑四千二百九十八
辰寅四千二百九十九
辰卯四千三百
辰辰四千三百一
辰巳四千三百二
辰午四千三百三
辰未四千三百四
辰申四千三百五
辰酉四千三百六
辰戌四千三百七
辰亥四千三百八

星癸三百六十

辰子四千三百九
辰丑四千三百一十
辰寅四千三百一十一
辰卯四千三百一十二
辰辰四千三百一十三
辰巳四千三百一十四

辰午 四千三百一十五

辰未 四千三百一十六

辰申 四千三百一十七

辰酉 四千三百一十八

辰戌 四千三百一十九

辰亥 四千三百二十

皇極經世卷第三

以會經運之一　觀物篇之十三

開物始月寅之中經星之己七十六

經星之己七十六
經星之庚七十七
經星之辛七十八
經星之壬七十九
經星之癸八十
經星之甲八十一
經星之乙八十二
經星之丙八十三
經星之丁八十四
經星之戊八十五

經星之己八十六
經星之庚八十七
經星之辛八十八
經星之壬八十九
經星之癸九十

經日之甲一
經月之卯四
經星之甲九十一
經星之甲九十一
經星之乙九十二
經星之丙九十三
經星之丁九十四
經星之戊九十五
經星之己九十六
經星之庚九十七
經星之辛九十八

經星之壬九十九
經星之癸一百
經星之甲一百一
經星之乙一百二
經星之丙一百三
經星之丁一百四
經星之戊一百五
經星之己一百六
經星之庚一百七
經星之辛一百八
經星之壬一百九
經星之癸一百十
經星之甲一百一十一
經星之乙一百一十二
經星之丙一百一十三
經星之丁一百一十四

經星之戊一百一十五
經星之己一百一十六
經星之庚一百一十七
經星之辛一百一十八
經星之壬一百一十九
經星之癸一百二十

經日之甲一

經月之辰五

經星之甲一百二十一

經星之甲一百二十一
經星之乙一百二十二
經星之丙一百二十三
經星之丁一百二十四
經星之戊一百二十五
經星之己一百二十六
經星之庚一百二十七

經星之辛一百二十八
經星之壬一百二十九
經星之癸一百三十
經星之甲一百三十一
經星之乙一百三十二
經星之丙一百三十三
經星之丁一百三十四
經星之戊一百三十五
經星之己一百三十六
經星之庚一百三十七
經星之辛一百三十八
經星之壬一百三十九
經星之癸一百四十
經星之甲一百四十一
經星之乙一百四十二
經星之丙一百四十三

經星之丁一百四十四
經星之戊一百四十五
經星之己一百四十六
經星之庚一百四十七
經星之辛一百四十八
經星之壬一百四十九
經星之癸一百五十

經日之甲一
經月之巳六
經星之甲一百五十一
經星之甲一百五十一
經星之乙一百五十二
經星之丙一百五十三
經星之丁一百五十四
經星之戊一百五十五
經星之己一百五十六

經星之庚一百五十七

經星之辛一百五十八

經星之壬一百五十九

經星之癸一百六十

經星之甲一百六十一

經星之乙一百六十二

經星之丙一百六十三

經星之丁一百六十四

經星之戊一百六十五

經星之己一百六十六

經星之庚一百六十七

經星之辛一百六十八

經星之壬一百六十九

經星之癸一百七十

經星之甲一百七十一

經星之乙一百七十二

經星之丙一百七十三
經星之丁一百七十四
經星之戊一百七十五
經星之己一百七十六
經星之庚一百七十七
經星之辛一百七十八
經星之壬一百七十九
經星之癸一百八十

經日之甲一
經月之巳六
經星之癸一百八十
經辰之子二千一百四十九
經辰之子二千一百四十九①
經辰之丑二千一百五十

① 自此列「經辰之子」至以下「經辰之亥」十二列，四庫本無。

經辰之寅二千一百五十一
經辰之卯二千一百五十二
經辰之辰二千一百五十三
經辰之巳二千一百五十四
經辰之午二千一百五十五
經辰之未二千一百五十六
經辰之申二千一百五十七
經辰之酉二千一百五十八
經辰之戌二千一百五十九
經辰之亥二千一百六十

以會經運之二　觀物篇之十四

經日之甲一
經月之巳六
經星之癸一百八十
經辰之子二千一百四十九

甲子　乙丑　丙寅　丁卯　戊辰
己巳　庚午　辛未　壬申　癸酉
甲戌　乙亥　丙子　丁丑　戊寅
己卯　庚辰　辛巳　壬午　癸未
甲申　乙酉　丙戌　丁亥　戊子
己丑　庚寅　辛卯　壬辰　癸巳

經辰之丑二千一百五十

甲午　乙未　丙申　丁酉　戊戌
己亥　庚子　辛丑　壬寅　癸卯
甲辰　乙巳　丙午　丁未　戊申
己酉　庚戌　辛亥　壬子　癸丑
甲寅　乙卯　丙辰　丁巳　戊午
己未　庚申　辛酉　壬戌　癸亥

經辰之寅二千一百五十一

甲子　乙丑　丙寅　丁卯　戊辰
己巳　庚午　辛未　壬申　癸酉

甲戌 乙亥 丙子 丁丑 戊寅
己卯 庚辰 辛巳 壬午 癸未
甲申 乙酉 丙戌 丁亥 戊子
己丑 庚寅 辛卯 壬辰 癸巳

經辰之卯二千一百五十二

甲午 乙未 丙申 丁酉 戊戌
己亥 庚子 辛丑 壬寅 癸卯
甲辰 乙巳 丙午 丁未 戊申
己酉 庚戌 辛亥 壬子 癸丑
甲寅 乙卯 丙辰 丁巳 戊午
己未 庚申 辛酉 壬戌 癸亥

經辰之辰二千一百五十三

甲子 乙丑 丙寅 丁卯 戊辰
己巳 庚午 辛未 壬申 癸酉
甲戌 乙亥 丙子 丁丑 戊寅
己卯 庚辰 辛巳 壬午 癸未

甲申　乙酉　丙戌　丁亥　戊子
己丑　庚寅　辛卯　壬辰　癸巳

經辰之巳二千一百五十四

甲午　乙未　丙申　丁酉　戊戌
己亥　庚子　辛丑　壬寅　癸卯
甲辰　乙巳　丙午　丁未　戊申
己酉　庚戌　辛亥　壬子　癸丑
甲寅　乙卯　丙辰　丁巳　戊午
己未　庚申　辛酉　壬戌　癸亥

經辰之午二千一百五十五

甲子　乙丑　丙寅　丁卯　戊辰
己巳　庚午　辛未　壬申　癸酉
甲戌　乙亥　丙子　丁丑　戊寅
己卯　庚辰　辛巳　壬午　癸未
甲申　乙酉　丙戌　丁亥　戊子
己丑　庚寅　辛卯　壬辰　癸巳

經辰之未二千一百五十六

甲午　乙未　丙申　丁酉　戊戌

己亥　庚子　辛丑　壬寅　癸卯

甲辰唐堯　乙巳二　丙午三　丁未四　戊申五

己酉六　庚戌七　辛亥八　壬子九　癸丑十

甲寅十一　乙卯十二　丙辰十三　丁巳十四　戊午十五

己未十六　庚申十七　辛酉十八　壬戌十九　癸亥二十

經辰之申二千一百五十七

甲子二十一　乙丑二十二　丙寅二十三　丁卯二十四　戊辰二十五

己巳二十六　庚午二十七　辛未二十八　壬申二十九　癸酉三十

甲戌三十一　乙亥三十二　丙子三十三　丁丑三十四　戊寅三十五

己卯三十六　庚辰三十七　辛巳三十八　壬午三十九　癸未四十

甲申四十一　乙酉四十二　丙戌四十三　丁亥四十四　戊子四十五

己丑四十六　庚寅四十七　辛卯四十八　壬辰四十九　癸巳五十

經辰之酉二千一百五十八

甲午五十一　乙未五十二　丙申五十三　丁酉五十四　戊戌五十五

己亥 五十六　庚子 五十七　辛丑 五十八　壬寅 五十九　癸卯 六十

甲辰 六十一 洪水方割，命鯀治之。　乙巳 六十二　丙午 六十三　丁未 六十四

戊申 六十五　己酉 六十六　庚戌 六十七　辛亥 六十八　壬子 六十九

癸丑 七十 徵舜登用。①　甲寅 七十一　乙卯 七十二 薦舜于天命之位。　丙辰虞舜 正月上日，舜受命于文祖。

丁巳 二　戊午 三　己未 四　庚申 五　辛酉 六

壬戌 七　癸亥 八

經辰之戌二千一百五十九

甲子 九　乙丑 十　丙寅 十一　丁卯 十二　戊辰 十三

己巳 十四　庚午 十五　辛未 十六　壬申 十七　癸酉 十八

甲戌 十九　乙亥 二十　丙子 二十一　丁丑 二十二　戊寅 二十三

己卯 二十四　庚辰 二十五　辛巳 二十六　壬午 二十七　癸未 二十八 帝堯殂落。

甲申 二十九　乙酉 三十　丙戌 三十一 月正元日，舜格于文祖。　丁亥 三十二

戊子 三十三　己丑 三十四　庚寅 三十五　辛卯 三十六　壬辰 三十七

癸巳 三十八

---

① 「用」，四庫本作「庸」。

經辰之亥二千一百六十

甲午三十九　乙未四十　丙申四十一　丁酉四十二　戊戌四十三

己亥四十四　庚子四十五　辛丑四十六　壬寅四十七　癸卯四十八

甲辰四十九　乙巳五十　丙午五十一　丁未五十二　戊申五十三

己酉五十四　庚戌五十五　辛亥五十六　壬子五十七　癸丑五十八

甲寅五十九　乙卯六十　丙辰六十一薦禹于天命之位。　丁巳夏禹正月朔日，受命于神宗。

戊午二　己未三　庚申四　辛酉五　壬戌六

癸亥七

以會經運之三　觀物篇之十五

經日之甲一

經月之午七

經星之甲一百八十一

經辰之子二千一百六十一

甲子八　乙丑九　丙寅十　丁卯十一　戊辰十二

己巳 十三　庚午 十四　辛未 十五　壬申 十六　癸酉 十七①

甲戌 十八　乙亥 十九　丙子 二十　丁丑 二十一　戊寅 二十二

己卯 二十三　庚辰 二十四　辛巳 二十五　壬午 二十六　癸未 二十七 東巡，至于會稽崩。

甲申夏啓　乙酉 二　丙戌 三　丁亥 四　戊子 五

己丑 六　庚寅 七　辛卯 八　壬辰 九　癸巳夏太康

經辰之丑二千一百六十二

甲午 二　乙未 三　丙申 四　丁酉 五　戊戌 六

己亥 七　庚子 八　辛丑 九　壬寅 十　癸卯 十一

甲辰 十二　乙巳 十三　丙午 十四　丁未 十五　戊申 十六

己酉 十七　庚戌 十八　辛亥 十九　壬子 二十　癸丑 二十一

甲寅 二十二　乙卯 二十三　丙辰 二十四　丁巳 二十五　戊午 二十六

己未 二十七　庚申 二十八　辛酉 二十九 太康失邦，有窮后羿拒于河而死。　壬戌夏仲康

癸亥 二

---

① 「十七」下，四庫本有「舜陟方乃死」五字。

經辰之寅二千一百六十三

甲子三　乙丑四　丙寅五　丁卯六　戊辰七

己巳八　庚午九　辛未十　壬申十一　癸酉十二

甲戌十三　乙亥夏相　丙子二　丁丑三　戊寅四

己卯五　庚辰六　辛巳七　壬午八　癸未九

甲申十　乙酉十一　丙戌十二　丁亥十三　戊子十四

己丑十五　庚寅十六　辛卯十七　壬辰十八　癸巳十九

經辰之卯二千一百六十四

甲午二十　乙未二十一　丙申二十二　丁酉二十三　戊戌二十四

己亥二十五　庚子二十六　辛丑二十七

壬寅二十八　寒浞殺有窮后羿，代立，使子澆及豷伐斟灌、斟鄩氏，滅相，封澆于過，封豷于戈。相之臣靡逃于有鬲氏①，相之后緡還于有仍氏，始生少康。

癸卯夏少康始生。二②　甲辰三③　乙巳四　丙午五　丁未六

戊申七　己酉八　庚戌九　辛亥十　壬子十一

---

①「鬲」，原作「茵」，據四庫本改。
②「二」，四庫本無。
③「三」，四庫本作「二」。

癸丑 十二　甲寅 十三　乙卯 十四　丙辰 十五　丁巳 十六

戊午 十七　己未 十八　庚申 十九　辛酉 二十　壬戌 二十一

癸亥 二十二

經辰之辰二千一百六十五

甲子 二十三　乙丑 二十四　丙寅 二十五　丁卯 二十六　戊辰 二十七

己巳 二十八　庚午 二十九　辛未 三十　壬申 三十一　癸酉 三十二

甲戌 三十三　乙亥 三十四　丙子 三十五　丁丑 三十六　戊寅 三十七

己卯 三十八　庚辰 三十九　辛巳 四十①

壬午 夏少康立。夏之臣靡自鬲收斟灌、斟鄩之燼以滅浞，而立少康。少康既立，遂滅澆于過，滅豷于戈，以絶有窮氏之族。　癸未 二

甲申 三　乙酉 四　丙戌 五　丁亥 六　戊子 七

己丑 八　庚寅 九　辛卯 十　壬辰 十一　癸巳 十二

經辰之巳二千一百六十六

甲午 十三　乙未 十四　丙申 十五　丁酉 十六　戊戌 十七

己亥 十八　庚子 十九　辛丑 二十　壬寅 二十一　癸卯 二十二

---

①「四十」，四庫本作「三十九」。

甲辰夏杼　乙巳二　丙午三　丁未四　戊申五
己酉六　庚戌七　辛亥八　壬子九　癸丑十
甲寅十一　乙卯十二　丙辰十三　丁巳十四　戊午十五
己未十六　庚申十七　辛酉夏槐　壬戌二　癸亥三

經辰之午二千一百六十七

甲子四　乙丑五　丙寅六　丁卯七　戊辰八
己巳九　庚午十　辛未十一　壬申十二　癸酉十三
甲戌十四　乙亥十五　丙子十六　丁丑十七　戊寅十八
己卯十九　庚辰二十　辛巳二十一　壬午二十二　癸未二十三
甲申二十四　乙酉二十五　丙戌二十六　丁亥夏芒　戊子二
己丑三　庚寅四　辛卯五　壬辰六　癸巳七

經辰之未二千一百六十八

甲午八　乙未九　丙申十　丁酉十一　戊戌十二
己亥十三　庚子十四　辛丑十五　壬寅十六　癸卯十七
甲辰十八　乙巳夏泄　丙午二　丁未三　戊申四
己酉五　庚戌六　辛亥七　壬子八　癸丑九

甲寅十　乙卯十一　丙辰十二　丁巳十三　戊午十四
己未十五　庚申十六　辛酉夏不降　壬戌二　癸亥三

經辰之申二千一百六十九

甲子四　乙丑五　丙寅六　丁卯七　戊辰八
己巳九　庚午十　辛未十一　壬申十二　癸酉十三
甲戌十四　乙亥十五　丙子十六　丁丑十七　戊寅十八
己卯十九　庚辰二十　辛巳二十一　壬午二十二　癸未二十三
甲申二十四　乙酉二十五　丙戌二十六　丁亥二十七　戊子二十八
己丑二十九　庚寅三十　辛卯三十一　壬辰三十二　癸巳三十三

經辰之酉二千一百七十

甲午三十四　乙未三十五　丙申三十六　丁酉三十七　戊戌三十八
己亥三十九　庚子四十　辛丑四十一　壬寅四十二　癸卯四十三
甲辰四十四　乙巳四十五　丙午四十六　丁未四十七　戊申四十八
己酉四十九　庚戌五十　辛亥五十一　壬子五十二　癸丑五十三
甲寅五十四　乙卯五十五　丙辰五十六　丁巳五十七　戊午五十八
己未五十九　庚申夏扃　辛酉二　壬戌三　癸亥四

經辰之戌二千一百七十一

甲子五　乙丑六　丙寅七　丁卯八　戊辰九
己巳十　庚午十一　辛未十二　壬申十三　癸酉十四
甲戌十五　乙亥十六　丙子十七　丁丑十八　戊寅十九
己卯二十　庚辰二十一　辛巳夏廑　壬午二　癸未三
甲申四　乙酉五　丙戌六　丁亥七　戊子八
己丑九　庚寅十　辛卯十一　壬辰十二　癸巳十三

經辰之亥二千一百七十二

甲午十四　乙未十五　丙申十六　丁酉十七　戊戌十八
己亥十九　庚子二十　辛丑二十一　壬寅夏孔甲　癸卯二
甲辰三　乙巳四　丙午五　丁未六　戊申七
己酉八　庚戌九　辛亥十　壬子十一　癸丑十二
甲寅十三　乙卯十四　丙辰十五　丁巳十六　戊午十七
己未十八　庚申十九　辛酉二十　壬戌二十一　癸亥二十二

以會經運之四　觀物篇之十六

經日之甲一

經月之午七

經星之甲一百八十二

經辰之子二千一百七十三

甲子二十三　乙丑二十四　丙寅二十五　丁卯二十六　戊辰二十七

己巳二十八　庚午二十九　辛未三十　壬申三十一　癸酉夏皋

甲戌二　乙亥三　丙子四　丁丑五　戊寅六

己卯七　庚辰八　辛巳九　壬午十　癸未十一

甲申夏發　乙酉二　丙戌三　丁亥四　戊子五

己丑六　庚寅七　辛卯八　壬辰九　癸巳十

經辰之丑二千一百七十四

甲午十一　乙未十二　丙申十三　丁酉十四　戊戌十五

己亥十六　庚子十七　辛丑十八　壬寅十九　癸卯夏癸

甲辰二　乙巳三　丙午四　丁未五　戊申六

己酉七　庚戌八　辛亥九　壬子十　癸丑十一
甲寅十二　乙卯十三　丙辰十四　丁巳十五　戊午十六
己未十七　庚申十八　辛酉十九　壬戌二十　癸亥二十一

經辰之寅二千一百七十五

甲子二十二　乙丑二十三　丙寅二十四　丁卯二十五　戊辰二十六
己巳二十七　庚午二十八　辛未二十九　壬申三十　癸酉三十一
甲戌三十二　乙亥三十三　丙子三十四　丁丑三十五　戊寅三十六
己卯三十七　庚辰三十八　辛巳三十九　壬午四十　癸未四十一
甲申四十二　乙酉四十三　丙戌四十四　丁亥四十五　戊子四十六
己丑四十七　庚寅四十八　辛卯四十九　壬辰五十　癸巳五十一

經辰之卯二千一百七十六

甲午五十二　乙未商湯　丙申二　丁酉三　戊戌四
己亥五　庚子六　辛丑七　壬寅八　癸卯九
甲辰十　乙巳十一　丙午十二　丁未十三　戊申商太甲
己酉二　庚戌三　辛亥四　壬子五　癸丑六
甲寅七　乙卯八　丙辰九　丁巳十　戊午十一

己未 十二　庚申 十三　辛酉 十四　壬戌 十五　癸亥 十六

經辰之辰二千一百七十七

甲子 十七　乙丑 十八　丙寅 十九　丁卯 二十　戊辰 二十一

己巳 二十二　庚午 二十三　辛未 二十四　壬申 二十五　癸酉 二十六

甲戌 二十七　乙亥 二十八　丙子 二十九　丁丑 三十　戊寅 三十一①

己卯 三十二　庚辰 三十三　辛巳商沃丁　壬午 二　癸未 三

甲申 四　乙酉 五　丙戌 六　丁亥 七　戊子 八

己丑 九　庚寅 十　辛卯 十一　壬辰 十二　癸巳 十三

經辰之巳二千一百七十八

甲午 十四　乙未 十五　丙申 十六　丁酉 十七　戊戌 十八

己亥 十九　庚子 二十　辛丑 二十一　壬寅 二十二　癸卯 二十三

甲辰 二十四　乙巳 二十五　丙午 二十六　丁未 二十七　戊申 二十八

己酉 二十九　庚戌商太庚　辛亥 二　壬子 三　癸丑 四

甲寅 五　乙卯 六　丙辰 七　丁巳 八　戊午 九

①「一」字，底本脱，據文意及四庫本補。

己未 十　庚申 十一　辛酉 十二　壬戌 十三　癸亥 十四

經辰之午二千一百七十九①

甲子 十五　乙丑 十六　丙寅 十七　丁卯 十八　戊辰 十九

己巳 二十　庚午 二十一　辛未 二十二　壬申 二十三　癸酉 二十四

甲戌 二十五　乙亥商小甲　丙子 二　丁丑 三　戊寅 四

己卯 五　庚辰 六　辛巳 七　壬午 八　癸未 九

甲申 十　乙酉 十一　丙戌 十二　丁亥 十三　戊子 十四

己丑 十五　庚寅 十六　辛卯 十七　壬辰商雍己　癸巳 二

經辰之未二千一百八十

甲午 三　乙未 四　丙申 五　丁酉 六　戊戌 七

己亥 八　庚子 九　辛丑 十　壬寅 十一　癸卯 十二

甲辰商太戊　乙巳 二　丙午 三　丁未 四　戊申 五

己酉 六　庚戌 七　辛亥 八　壬子 九　癸丑 十

甲寅 十一　乙卯 十二　丙辰 十三　丁巳 十四　戊午 十五

① 「二」，原作「四」，據四庫本改。

己未十六　庚申十七　辛酉十八　壬戌十九　癸亥二十

經辰之申二千一百八十一

甲子二十一　乙丑二十二　丙寅二十三　丁卯二十四　戊辰二十五
己巳二十六　庚午二十七　辛未二十八　壬申二十九　癸酉三十
甲戌三十一　乙亥三十二　丙子三十三　丁丑三十四　戊寅三十五
己卯三十六　庚辰三十七　辛巳三十八　壬午三十九　癸未四十
甲申四十一　乙酉四十二　丙戌四十三　丁亥四十四　戊子四十五
己丑四十六　庚寅四十七　辛卯四十八　壬辰四十九　癸巳五十

經辰之酉二千一百八十二

甲午五十一　乙未五十二　丙申五十三　丁酉五十四　戊戌五十五
己亥五十六　庚子五十七　辛丑五十八　壬寅五十九　癸卯六十
甲辰六十一　乙巳六十二　丙午六十三　丁未六十四　戊申六十五
己酉六十六　庚戌六十七　辛亥六十八　壬子六十九　癸丑七十
甲寅七十一　乙卯七十二　丙辰七十三　丁巳七十四　戊午七十五
己未商仲丁　庚申二　辛酉三　壬戌四　癸亥五

經辰之戌二千一百八十三

甲子六　乙丑七　丙寅八　丁卯九　戊辰十
己巳十一　庚午十二　辛未十三　壬申①　癸酉二
甲戌三　乙亥四　丙子五　丁丑六　戊寅七
己卯八　庚辰九　辛巳十　壬午十一　癸未十二
甲申十三　乙酉十四　丙戌十五　丁亥商河亶甲　戊子二
己丑三　庚寅四　辛卯五　壬辰六　癸巳七

經辰之亥二千一百八十四

甲午八　乙未九　丙申商祖乙　丁酉二　戊戌三
己亥四　庚子五　辛丑六　壬寅七　癸卯八
甲辰九　乙巳十　丙午十一　丁未十二　戊申十三
己酉十四　庚戌十五　辛亥十六　壬子十七　癸丑十八
甲寅十九　乙卯商祖辛　丙辰二　丁巳三　戊午四
己未五　庚申六　辛酉七　壬戌八　癸亥九

① 「壬申」下，四庫本有「商外壬」三字。

以會經運之五　觀物篇之十七

經日之甲一
經月之午七
經星之丙一百八十三
經辰之子二千一百八十五

甲子十　乙丑十一　丙寅十二　丁卯十三　戊辰十四
己巳十五　庚午十六　辛未商沃甲　壬申二　癸酉三
甲戌四　乙亥五　丙子六　丁丑七　戊寅八
己卯九　庚辰十　辛巳十一　壬午十二　癸未十三
甲申十四　乙酉十五　丙戌十六　丁亥十七　戊子十八
己丑十九　庚寅二十　辛卯二十一　壬辰二十二　癸巳二十三

經辰之丑二千一百八十六

甲午二十四　乙未二十五　丙申商祖丁　丁酉二　戊戌三
己亥四　庚子五　辛丑六　壬寅七　癸卯八

甲辰九　乙巳十　丙午①　丁未　戊申
己酉　庚戌　辛亥　壬子　癸丑
甲寅　乙卯　丙辰　丁巳　戊午
己未　庚申　辛酉　壬戌　癸亥

經辰之寅二千一百八十七

甲子　乙丑　丙寅　丁卯　戊辰②
己巳③　庚午　辛未　壬申　癸酉
甲戌　乙亥　丙子　丁丑　戊寅
己卯　庚辰　辛巳　壬午　癸未
甲申　乙酉　丙戌　丁亥　戊子
己丑　庚寅　辛卯　壬辰　癸巳商陽甲

經辰之卯二千一百八十八

甲午二　乙未三　丙申四　丁酉五　戊戌六

---

① 「丙午」下，四庫本有「十一」二字。直標至「丁卯」爲「三十二」。
② 「戊辰」下，四庫本有「商南庚」三字。
③ 「己巳」下，四庫本有「二」字，直標至「壬辰」爲「二十五」。

己亥七　庚子商盤庚　辛丑二　壬寅三　癸卯四
甲辰五　乙巳六　丙午七　丁未八　戊申九
己酉十　庚戌十一　辛亥十二　壬子十三　癸丑十四
甲寅十五　乙卯十六　丙辰十七　丁巳十八　戊午十九
己未二十　庚申二十一　辛酉二十二　壬戌二十三　癸亥二十四

經辰之辰二千一百八十九

甲子二十五　乙丑二十六　丙寅二十七　丁卯二十八　戊辰商小辛
己巳二　庚午三　辛未四　壬申五　癸酉六
甲戌七　乙亥八　丙子九　丁丑十　戊寅十一
己卯十二　庚辰十三　辛巳十四　壬午十五　癸未十六
甲申十七　乙酉十八　丙戌十九　丁亥二十　戊子二十一
己丑商小乙　庚寅二　辛卯三　壬辰四　癸巳五

經辰之巳二千一百九十

甲午六　乙未七　丙申八　丁酉九　戊戌十
己亥十一　庚子十二　辛丑十三　壬寅十四　癸卯十五
甲辰十六　乙巳十七　丙午十八　丁未十九　戊申二十

己酉二十一　庚戌二十二　辛亥二十三　壬子二十四　癸丑二十五

甲寅二十六　乙卯二十七　丙辰二十八　丁巳商武丁　戊午二

己未三　庚申四　辛酉五　壬戌六　癸亥七

經辰之午二千一百九十一

甲子八　乙丑九　丙寅十　丁卯十一　戊辰十二

己巳十三　庚午十四　辛未十五　壬申十六　癸酉十七

甲戌十八　乙亥十九　丙子二十　丁丑二十一　戊寅二十二

己卯二十三　庚辰二十四　辛巳二十五　壬午二十六　癸未二十七

甲申二十八　乙酉二十九　丙戌三十　丁亥三十一　戊子三十二

己丑三十三　庚寅三十四　辛卯三十五　壬辰三十六　癸巳三十七

經辰之未二千一百九十二

甲午三十八　乙未三十九　丙申四十　丁酉四十一　戊戌四十二

己亥四十三　庚子四十四　辛丑四十五　壬寅四十六　癸卯四十七

甲辰四十八　乙巳四十九　丙午五十　丁未五十一　戊申五十二

己酉五十三　庚戌五十四　辛亥五十五　壬子五十六　癸丑五十七

甲寅五十八　乙卯五十九　丙辰商祖庚　丁巳二　戊午三

己未四　庚申五　辛酉六　壬戌七　癸亥商祖甲

經辰之申二千一百九十三

甲子二　乙丑三　丙寅四　丁卯五　戊辰六

己巳七　庚午八　辛未九　壬申十　癸酉十一

甲戌十二　乙亥十三　丙子十四　丁丑十五　戊寅十六

己卯十七　庚辰十八　辛巳十九　壬午二十　癸未二十一

甲申二十二　乙酉二十三　丙戌二十四　丁亥二十五　戊子二十六

己丑二十七　庚寅二十八　辛卯二十九　壬辰三十　癸巳三十一

經辰之酉二千一百九十四①

甲午三十二　乙未三十三　丙申商廩辛　丁酉二　戊戌三

己亥四　庚子五　辛丑六　壬寅商庚丁　癸卯二

甲辰三　乙巳四　丙午五　丁未六　戊申七

己酉八　庚戌九　辛亥十　壬子十一　癸丑十二

甲寅十三　乙卯十四　丙辰十五　丁巳十六　戊午十七

① 「二千一百」，原作「一千二百」，據四庫本改。

己未十八 庚申十九 辛酉二十 壬戌二十一 癸亥商武乙

經辰之戌二千一百九十五

甲子二 乙丑三 丙寅四 丁卯商太丁 戊辰二

己巳三 庚午商帝乙 辛未二 壬申三 癸酉四

甲戌五 乙亥六 丙子七 丁丑八 戊寅九

己卯十 庚辰十一 辛巳十二 壬午十三 癸未十四

甲申十五 乙酉十六 丙戌十七 丁亥十八 戊子十九

己丑二十 庚寅二十一 辛卯二十二 壬辰二十三 癸巳二十四

經辰之亥二千一百九十六

甲午二十五 乙未二十六 丙申二十七 丁酉二十八 戊戌二十九

己亥三十 庚子三十一 辛丑三十二 壬寅三十三 癸卯三十四

甲辰三十五 乙巳三十六 丙午三十七 丁未商受辛 戊申二

己酉三 庚戌四 辛亥五 壬子六 癸丑七

甲寅八 乙卯九 丙辰十 丁巳十一 戊午十二

己未十三 庚申十四 辛酉十五 壬戌十六 癸亥十七 錫周文王，命爲西伯。

以會經運之六　觀物篇之十八

經日之甲一

經月之午七

經星之丁一百八十四

經辰之子二千一百九十七

甲子十八　乙丑十九　丙寅二十　丁卯二十一　戊辰二十二

己巳二十三周文王没，武王即位。　庚午二十四　辛未二十五　壬申二十六

癸酉二十七　甲戌二十八　乙亥二十九　丙子三十　丁丑三十一

戊寅三十二　己卯周武王　庚辰二　辛巳三　壬午四

癸未五　甲申六　乙酉七　丙戌周成王　丁亥二

戊子三　己丑四　庚寅五　辛卯六　壬辰七

癸巳八

經辰之丑二千一百九十八

甲午九　乙未十　丙申十一　丁酉十二　戊戌十三

己亥十四　庚子十五　辛丑十六　壬寅十七　癸卯十八

甲辰十九　乙巳二十　丙午二十一　丁未二十二　戊申二十三
己酉二十四　庚戌二十五　辛亥二十六　壬子二十七　癸丑二十八
甲寅二十九　乙卯三十　丙辰三十一　丁巳三十二　戊午三十三
己未三十四　庚申三十五　辛酉三十六　壬戌三十七　癸亥周康王

經辰之寅二千一百九十九

甲子二　乙丑三　丙寅四　丁卯五　戊辰六
己巳七　庚午八　辛未九　壬申十　癸酉十一
甲戌十二　乙亥十三　丙子十四　丁丑十五　戊寅十六
己卯十七　庚辰十八　辛巳十九　壬午二十　癸未二十一
甲申二十二　乙酉二十三　丙戌二十四　丁亥二十五　戊子二十六
己丑周昭王　庚寅二　辛卯三　壬辰四　癸巳五

經辰之卯二千二百

甲午六　乙未七　丙申八　丁酉九　戊戌十
己亥十一　庚子十二　辛丑十三　壬寅十四　癸卯十五
甲辰十六　乙巳十七　丙午十八　丁未十九　戊申二十
己酉二十一　庚戌二十二　辛亥二十三　壬子二十四　癸丑二十五

甲寅 二十六　乙卯 二十七　丙辰 二十八　丁巳 二十九　戊午 三十
己未 三十一　庚申 三十二　辛酉 三十三　壬戌 三十四　癸亥 三十五

經辰之辰二千二百一

甲子 三十六　乙丑 三十七　丙寅 三十八　丁卯 三十九　戊辰 四十
己巳 四十一　庚午 四十二　辛未 四十三　壬申 四十四　癸酉 四十五
甲戌 四十六　乙亥 四十七　丙子 四十八　丁丑 四十九　戊寅 五十
己卯 五十一　庚辰周穆王　辛巳 二　壬午 三　癸未 四
甲申 五　乙酉 六　丙戌 七　丁亥 八　戊子 九
己丑 十　庚寅 十一　辛卯 十二　壬辰 十三　癸巳 十四

經辰之巳二千二百二

甲午 十五　乙未 十六　丙申 十七　丁酉 十八　戊戌 十九
己亥 二十　庚子 二十一　辛丑 二十二　壬寅 二十三　癸卯 二十四
甲辰 二十五　乙巳 二十六　丙午 二十七　丁未 二十八　戊申 二十九
己酉 三十　庚戌 三十一　辛亥 三十二　壬子 三十三　癸丑 三十四
甲寅 三十五　乙卯 三十六　丙辰 三十七　丁巳 三十八　戊午 三十九
己未 四十　庚申 四十一　辛酉 四十二　壬戌 四十三　癸亥 四十四

經辰之午二千二百三

甲子 四十五　乙丑 四十六　丙寅 四十七　丁卯 四十八　戊辰 四十九

己巳 五十　庚午 五十一　辛未 五十二　壬申 五十三　癸酉 五十四

甲戌 五十五　乙亥周共王①　丙子 二　丁丑 三　戊寅 四

己卯 五　庚辰 六　辛巳 七　壬午 八　癸未 九

甲申 十　乙酉 十一　丙戌 十二　丁亥周懿王　戊子 二

己丑 三　庚寅 四　辛卯 五　壬辰 六　癸巳 七

經辰之未二千二百四

甲午 八　乙未 九　丙申 十　丁酉 十一　戊戌 十二

己亥 十三　庚子 十四　辛丑 十五　壬寅 十六　癸卯 十七

甲辰 十八　乙巳 十九　丙午 二十　丁未 二十一　戊申 二十二

己酉 二十三　庚戌 二十四　辛亥 二十五　壬子周孝王②　癸丑 二

甲寅 三　乙卯 四　丙辰 五　丁巳 六　戊午 七

---

① 「共」，四庫本作「恭」。

② 「周孝王」，原作「周考王」，據四庫本改。

己未八　庚申九　辛酉十　壬戌十一　癸亥十二

經辰之申二千二百五

甲子十三　乙丑十四　丙寅十五　丁卯周夷王　戊辰二
己巳三　庚午四　辛未五　壬申六　癸酉七
甲戌八　乙亥九　丙子十　丁丑十一　戊寅十二
己卯十三　庚辰十四　辛巳十五　壬午十六　癸未周厲王
甲申二　乙酉三　丙戌四　丁亥五　戊子六
己丑七　庚寅八　辛卯九　壬辰十　癸巳十一

經辰之酉二千二百六

甲午十二　乙未十三　丙申十四　丁酉十五　戊戌十六
己亥十七　庚子十八　辛丑十九　壬寅二十　癸卯二十一
甲辰二十二　乙巳二十三　丙午二十四　丁未二十五　戊申二十六
己酉二十七　庚戌二十八　辛亥二十九　壬子三十　癸丑三十一
甲寅三十二　乙卯三十三　丙辰三十四　丁巳三十五　戊午三十六
己未三十七　庚申三十八　辛酉三十九　壬戌四十　癸亥四十一

經辰之戌二千二百七

甲子四十二 乙丑四十三 丙寅四十四 丁卯四十五 戊辰四十六
己巳四十七 庚午四十八 辛未四十九 壬申五十 癸酉五十一
甲戌周宣王 乙亥二 丙子三 丁丑四 戊寅五
己卯六 庚辰七 辛巳八 壬午九 癸未十
甲申十一 乙酉十二 丙戌十三 丁亥十四 戊子十五
己丑十六 庚寅十七 辛卯十八 壬辰十九 癸巳二十

經辰之亥二千二百八

甲午二十一 乙未二十二 丙申二十三 丁酉二十四 戊戌二十五
己亥二十六 庚子二十七 辛丑二十八 壬寅二十九 癸卯三十
甲辰三十一 乙巳三十二 丙午三十三 丁未三十四 戊申三十五
己酉三十六 庚戌三十七 辛亥三十八 壬子三十九 癸丑四十
甲寅四十一 乙卯四十二 丙辰四十三 丁巳四十四 戊午四十五
己未四十六 庚申周幽王 辛酉二 壬戌三 癸亥四

皇極經世卷第四

以會經運之七　觀物篇之十九

經日之甲一

經月之午七

經星之戊一百八十五

經辰之子二千二百九

甲子　五

乙丑　六

丙寅　七

丁卯　八

戊辰　九

己巳　十

庚午　十一

辛未	東周平王	晉文侯	齊莊公	宋戴公	楚若敖	秦襄公
壬申	二	十二	二十六	三十一	二十一①	二
癸酉	三魯惠	十三	二十七	三十二	二十二	三
甲戌	四	十四	二十八	三十三	二十三	四
乙亥	五	十五	二十九	三十四	二十四	五
丙子	六	十六	三十	宋武公	二十五	六
丁丑	七	十七	三十一	二	二十六	七
戊寅	八	十八	三十二	三	楚霄敖	八
己卯	九	十九	二十三	四	二	九
庚辰	十	二十	三十四	五	三	十
辛巳	十一	二十一	三十五	六	四	十一
壬午	十二	二十二	三十六	七	五	十二
癸未	十三	二十三	三十七	八	六	秦文公
甲申	十四	二十四	三十八	九	楚蚡冒②	二

① 「二十一」，四庫本作「二十二」。下一年「二十二」，四庫本作「二十三」，依此類推。
② 「蚡冒」，原作「蚡胃」，據四庫本改。

乙酉	十五	二十五	三十九	十	二	三
丙戌	十六	二十六	四十	十一	三	四
丁亥	十七	二十七	四十一	十二	四	五
戊子	十八	二十八	四十二	十三	五	六
己丑	十九	二十九	四十三	十四	六	七
庚寅	二十	三十	四十四	十五	七	八
辛卯	二十一	三十一	四十五	十六	八	九
壬辰	二十二	三十二	四十六	十七	九	十
癸巳	二十三	三十三	四十七	十八	十	十一

經辰之丑二千二百一十

甲午	二十四	三十四	四十八	宋宣公	十一	十二
乙未	二十五	三十五	四十九	二	十二	十三
丙申	二十六	晉昭侯	五十	三	十三	十四
丁酉	二十七	二	五十一	四	十四	十五
戊戌	二十八	三	五十二	五	十五	十六
己亥	二十九	四	五十三	六	十六	十七

庚子	三十	五	五十四	七	十七	十八
辛丑	三十一	六	五十五	八	楚武王	十九
壬寅	三十二	七①	五十六	九	二	二十
癸卯	三十三	晉孝侯	五十七	十	三	二十一
甲辰	三十四	二	五十八	十一	四	二十二
乙巳	三十五	三	五十九	十二	五	二十三
丙午	三十六	四	六十	十三	六	二十四
丁未	三十七	五	六十一	十四	七	二十五
戊申	三十八	六	六十二	十五	八	二十六
己酉	三十九	七	六十三	十六	九	二十七
庚戌	四十	八	六十四	十七	十	二十八
辛亥	四十一	九	齊釐公	十八	十一	二十九
壬子	四十二	十	二	十九	十二	三十

① 「七」，四庫本作「晉孝侯」。按：四庫本以本年爲晉孝侯即位之年，依此推之，底本下一年「癸卯、晉孝侯」，四庫本作「癸卯、二」。以下逐年仿此。

癸丑	四十三	十一	三	宋穆公	十三	三十一
甲寅	四十四	十二	四	二	十四	三十二
乙卯	四十五	十三	五	三	十五	三十三
丙辰	四十六	十四	六	四	十六	三十四
丁巳	四十七	十五	七	五	十七	三十五
戊午	四十八	晉鄂侯	八	六	十八	三十六
己未	四十九魯隱	二	九	七	十九	三十七
庚申	五十	三	十	八	二十	三十八
辛酉	五十一	四	十一	九	二十一	三十九
壬戌	周桓王	五	十二	宋殤公	二十二	四十
癸亥	二	六	十三	二	二十三	四十一

經辰之寅二千二百一十一

甲子	三	晉哀侯	十四	三	二十四	四十二
乙丑	四	二	十五	四	二十五	四十三
丙寅	五	三	十六	五	二十六	秦寧公
丁卯	六	四	十七	六	二十七	二

戊辰	七	五	十八	七	二十八	三
己巳	八	六	十九	八	二十九	四
庚午	九魯桓	七	二十	九	三十	五
辛未	十	八	二十一	宋莊公	三十一	六
壬申	十一	九①	二十二	二	三十二	七
癸酉	十二	晉小子侯	二十三	三	三十三	八
甲戌	十三	二	二十四	四	三十四	九
乙亥	十四	三②	二十五	五	三十五	十
丙子	十五	四	二十六	六	三十六	十一
丁丑	十六	晉侯緡	二十七	七	三十七稱王	十二
戊寅	十七	二	二十八	八	三十八	秦出公
己卯	十八	三	二十九	九	三十九	二
庚辰	十九	四	三十	十	四十	三

①「九」，四庫本作「孚侯」。按：四庫本以此年爲晉孚侯即位之年。

②「三」，四庫本作「泯侯」。按：四庫本以此年爲「泯侯」即位之年。

辛巳	二十	五	三十一	十一	四十一	四
壬午	二十一	六	三十二	十二	四十二	五
癸未	二十二	七	三十三	十三	四十三	秦武公
甲申	二十三	八	齊襄公	十四	四十四	二
乙酉	周莊王	九	二	十五	四十五	三
丙戌	二	十	三	十六	四十六	四
丁亥	三	十一	四	十七	四十七	五
戊子	四魯莊	十二	五	十八	四十八	六
己丑	五	十三	六	宋湣公①	四十九	七
庚寅	六	十四	七	二②	五十	八
辛卯	七	十五	八	三	五十一	九
壬辰	八	十六	九	四	楚文王	十
癸巳	九	十七	十	五	二	十一

① 「宋湣公」，四庫本作「十九」。

② 「二」，四庫本作「宋湣公」。按：四庫本以此年爲宋湣公即位之年。

經辰之卯二千二百一十二

甲午	十	十八	十一	六	三	十二
乙未	十一	十九	齊無知	七	四	十三
丙申	十二	二十	齊桓公	八	五	十四
丁酉	十三	二十一	二	九	六	十五
戊戌	十四	二十二	三	十	七	十六
己亥	十五	二十三	四	宋桓公	八	十七
庚子	周釐王	二十四	五	二①	九	十八
辛丑	二	二十五	六	三	十	十九
壬寅	三	晉武公②	七	四	十一	二十
癸卯	四	二	八	五	十二	二十一
甲辰	五	三	九	六	十三	秦德公
乙巳	周惠王	晉獻公	十	七	楚杜敖	二

① 「二」，四庫本作「宋桓公」。按：四庫本以此年爲宋桓公即位之年。
② 「晉武公」，四庫本作「晉武侯」。

丙午	二	二	十一	八	三	秦宣公
丁未	三	三	十二	九	三	二
戊申	四	四	十三	十	四	三
己酉	五	五	十四	十一	楚成王	四
庚戌	六	六	十五	十二	二	五
辛亥	七	七	十六	十三	三	六
壬子	八	八	十七	十四	四	七
癸丑	九	九	十八	十五	五	八
甲寅	十	十	十九	十六	六	九
乙卯	十一	十一	二十	十七	七	十
丙辰	十二	十二	二十一	十八	八	十一
丁巳	十三	十三	二十二	十九	九	十二
戊午	十四	十四	二十三	二十	十	秦成公
己未	十五	十五	二十四	二十一	十一	二
庚申	十六魯閔	十六	二十五	二十二	十二	三
辛酉	十七	十七	二十六	二十三	十三	四

壬戌	十八魯僖	十八	二十七	二十四	十四	秦穆公
癸亥	十九	十九	二十八	二十五	十五	二

經辰之辰二千二百一十三

甲子	二十	二十	二十九	二十六	十六	三
乙丑	二十一	二十一	三十	二十七	十七	四
丙寅	二十二	二十二	三十一	二十八	十八	五
丁卯	二十三	二十三	三十二	二十九	十九	六
戊辰	二十四	二十四	三十三	三十	二十	七
己巳	二十五	二十五	三十四	三十一	二十一	八
庚午	周襄王	二十六①	三十五	三十二	二十二	九
辛未	二	晉奚齊、卓子②	三十六	宋襄公	二十三	十
壬申	三	晉惠公	三十七	二	二十四	十一
癸酉	四	二	三十八	三	二十五	十二

---

① 「二十六」，四庫本作「奚齊、卓子」。按：四庫本以此年爲奚齊、卓子即位之年。

② 「晉奚齊卓子」，四庫本作「晉惠公」。按：四庫本以此年爲晉惠公即位之年。又「卓」原作「申」，據四庫本改。

甲戌	五	三	三十九	四	二十六	十三
乙亥	六	四	四十	五	二十七	十四
丙子	七	五	四十一	六	二十八	十五
丁丑	八	六	四十二	七	二十九	十六
戊寅	九	七	四十三	八	三十	十七
己卯	十	八	齊孝公	九	三十一	十八
庚辰	十一	九	二	十	三十二	十九
辛巳	十二	十	三	十一	三十三	二十
壬午	十三	十一	四	十二	三十四	二十一
癸未	十四	十二	五	十三	三十五	二十二
甲申	十五	十三①	六	十四	三十六	二十三
乙酉	十六	晉懷公、文公②	七	宋成公	三十七	二十四
丙戌	十七	二	八	二	三十八	二十五

① 「十三」，四庫本作「晉懷公」。按：四庫本以此年爲晉懷公即位之年。
② 「晉懷公、文公」，四庫本作「晉文公」。

丁亥	十八	三	九	三	三十九	二十六
戊子	十九	四	十	四	四十	二十七
己丑	二十	五	齊昭公	五	四十一	二十八
庚寅	二十一	六	二	六	四十二	二十九
辛卯	二十二	七	三	七	四十三	三十
壬辰	二十三	八	四	八	四十四	三十一
癸巳	二十四	九	五	九	四十五	三十二

經辰之巳二千二百一十四

甲午	二十五	晉襄公	六	十	楚穆王	三十三
乙未	二十六魯文	二	七	十一	二	三十四
丙申	二十七	三	八	十二	三	三十五
丁酉	二十八	四	九	十三	四	三十六
戊戌	二十九	五	十	十四	五	三十七
己亥	三十	六	十一	十五	六	三十八
庚子	二十一	七	十二	十六	七	三十九
辛丑	三十二	晉靈公	十三	十七	八	秦康公

壬寅	三十三	二	十四	宋昭公	九	二
癸卯	周頃王	三	十五	二	十	三
甲辰	二	四	十六	三	十一	四
乙巳	三	五	十七	四	十二	五
丙午	四	六	十八	五	十三	六
丁未	五	七	十九	六	十四	七
戊申	六	八	二十	七	楚莊王	八
己酉	周匡王	九	齊懿公	八	二	九
庚戌	二	十	二	宋文公	三	十
辛亥	三	十一	三	二	四	十一
壬子	四	十二	齊惠公①	三	五	十二
癸丑	五魯宣	十三	二②	四	六	秦共公③

① 「齊惠公」，四庫本作「四」。
② 「二」，四庫本作「齊惠公」。按：四庫本以此年爲齊惠公即位之年。
③ 「秦共公」，原作「秦其公」，據四庫本改。

甲寅	六	晉成公①	三	五	七	二
乙卯	周定王	二②	四	六	八	三
丙辰	二	三	五	七	九	四
丁巳	三	四	六	八	十	五
戊午	四	五	七	九	十一	秦桓公
己未	五	六	八	十	十二	二
庚申	六	七	九	十一	十三	三
辛酉	七	八	十	十二	十四	四
壬戌	八	晉景公	十一	十三	十五	五
癸亥	九	二	齊頃公	十四	十六	六

經辰之午二千二百一十五

甲子	十	三	二	十五	十七	七
乙丑	十一	四	三	十六	十八	八

---

① 「晉成公」，四庫本作「十四」。

② 「二」，四庫本作「晉成公」。按：四庫本以此年爲晉成公即位之年。

丙寅	十二	五	四	十七	十九	九	
丁卯	十三	六	五	十八	二十	十	
戊辰	十四	七	六	十九	二十一	十一	
己巳	十五	八	七	二十	二十二	十二	
庚午	十六	九	八	二十一	二十三	十三	
辛未	十七魯成	十	九	二十二	楚共王	十四	
壬申	十八	十一	十	二十三	二	十五	
癸酉	十九	十二	十一	宋共公	三	十六	
甲戌	二十	十三	十二	二	四	十七	
乙亥	二十一	十四	十三	三	五	十八	
丙子	周簡王	十五	十四	四	六	十九	吳壽夢
丁丑	二	十六	十五	五	七	二十	二
戊寅	三	十七	十六	六	八	二十一	三
己卯	四	十八	十七	七	九	二十二	四
庚辰	五	十九	齊靈公	八	十	二十三	五
辛巳	六	晉厲公	二	九	十一	二十四	六

壬午	七	二	三	十	十二	二十五	七
癸未	八	三	四	十一	十三	二十六	八
甲申	九	四	五	十二	十四	二十七	九
乙酉	十	五	六	十三	十五	秦景公	十
丙戌	十一	六	七	宋平公	十六	二	十一
丁亥	十二	七	八	二	十七	三	十二
戊子	十三	八	九	三	十八	四	十三
己丑	十四魯襄	晉悼公	十	四	十九	五	十四
庚寅	周靈王	二	十一	五	二十	六	十五
辛卯	二	三	十二	六	二十一	七	十六
壬辰	三	四	十三	七	二十二	八	十七
癸巳	四	五	十四	八	二十三	九	十八
經辰之未二千二百一十六							
甲午	五	六	十五	九	二十四	十	十九
乙未	六	七	十六	十	二十五	十一	二十
丙申	七	八	十七	十一	二十六	十二	二十一

丁酉	八	九	十八	十二	二十七	十三	二十二
戊戌	九	十	十九	十三	二十八	十四	二十三
己亥	十	十一	二十	十四	二十九	十五	二十四
庚子	十一	十二	二十一	十五	三十	十六	二十五
辛丑	十二	十三	二十二	十六	三十一	十七	吳諸樊
壬寅	十三	十四	二十三	十七	楚康王	十八	二
癸卯	十四	十五	二十四	十八	二	十九	三
甲辰	十五	晉平公	二十五	十九	三	二十	四
乙巳	十六	二	二十六	二十	四	二十一	五
丙午	十七	三	二十七	二十一	五	二十二	六
丁未	十八	四	二十八	二十二	六	二十三	七
戊申	十九	五	齊莊公	二十三	七	二十四	八
己酉	二十	六	二	二十四	八	二十五	九
庚戌	二十一	七	三	二十五	九	二十六	十
辛亥	二十二	八	四	二十六	十	二十七	十一
壬子	二十三	九	五	二十七	十一	二十八	十二

癸丑	二十四	十	六	二十八	十二	二十九	十三
甲寅	二十五	十一	齊景公	二十九	十三	三十	吳餘祭
乙卯	二十六	十二	二	三十	十四	三十一	二
丙辰	二十七	十三	三	三十一	十五	三十二	三
丁巳	周景王	十四	四	三十二	楚郟敖	三十三	四
戊午	二	十五	五	三十三	二	三十四	五
己未	三	十六	六	三十四	三	三十五	六
庚申	四魯昭	十七	七	三十五	楚靈王①	三十六	七
辛酉	五	十八	八	三十六	二②	三十七	八
壬戌	六	十九	九	三十七	三	三十八	九
癸亥	七	二十	十	三十八	四	三十九	十

經辰之申二千二百一十七

甲子	八	二十一	十一	三十九	五	四十	十一

①「楚靈王」，四庫本作「四」。

②「二」，四庫本作「楚靈王」。按：四庫本以此年爲楚靈王即位之年。

乙丑	九	二十二	十二	四十	六	秦哀公	十二
丙寅	十	二十三	十三	四十一	七	二	十三
丁卯	十一	二十四	十四	四十二	八	三	十四
戊辰	十二	二十五	十五	四十三	九	四	十五
己巳	十三	二十六	十六	四十四	十	五	十六
庚午	十四	晉昭公	十七	宋元公	十一	六	十七
辛未	十五	二	十八	二	十二	七	吴餘眛
壬申	十六	三	十九	三	楚平王	八	二
癸酉	十七	四	二十	四	二	九	三
甲戌	十八	五	二十一	五	三	十	四
乙亥	十九	六	二十二	六	四	十一	吴王僚
丙子	二十	晉頃公	二十三	七	五	十二	二
丁丑	二十一	二	二十四	八	六	十三	三
戊寅	二十二	三	二十五	九	七	十四	四
己卯	二十三	四	二十六	十	八	十五	五
庚辰	二十四	五	二十七	十一	九	十六	六

辛巳	二十五	六	二十八	十二	十	十七	七
壬午	周敬王	七	二十九	十三	十一	十八	八
癸未	二	八	三十	十四	十二	十九	九
甲申	三	九	三十一	十五	十三	二十	十
乙酉	四	十	三十二	宋景公	十四	二十一	十一
丙戌	五	十一	三十三	二	楚昭王	二十二	吴王闔閭①
丁亥	六	十二	二十四	三	二	二十三	二②
戊子	七	十三	三十五	四	三	二十四	三
己丑	八	十四	三十六	五	四	二十五	四
庚寅	九	晉定公	三十七	六	五	二十六	五
辛卯	十	二	三十八	七	六	二十七	六
壬辰	十一魯定	三	三十九	八	七	二十八	七
癸巳	十二	四	四十	九	八	二十九	八

① 「吴王闔閭」，四庫本作「十二」。
② 「二」，四庫本作「吴王闔閭」。按：四庫本以此年爲吴王闔閭即位之年。

經辰之酉二千二百一十八

甲午	十三	五	四十一	十	九	三十	九
乙未	十四	六	四十二	十一	十	三十一	十
丙申	十五	七	四十三	十二	十一	三十二	十一
丁酉	十六	八	四十四	十三	十二	三十三	十一
戊戌	十七	九	四十五	十四	十三	三十四	十三
己亥	十八	十	四十六	十五	十四	三十五	十四
庚子	十九	十一	四十七	十六	十五	三十六	十五
辛丑	二十	十二	四十八	十七	十六	秦惠公①	十六
壬寅	二十一	十三	四十九	十八	十七	二	十七
癸卯	二十二	十四	五十	十九	十八	三	十八
甲辰	二十三	十五	五十一	二十	十九	四	十九
乙巳	二十四	十六	五十二	二十一	二十	五	二十 越句踐
丙午	二十五	十七	五十三	二十二	二十一	六	吳夫差 二

①「秦惠公」，原作「秦哀公」，據四庫本改。

丁未	二十六魯哀	十八	五十四	二十三	二十二	七	二	三
戊申	二十七	十九	五十五	二十四	二十三	八	三	四
己酉	二十八	二十	五十六	二十五	二十四	九	四	五
庚戌	二十九	二十一	五十七	二十六	二十五	秦悼公	五	六
辛亥	三十	二十二	五十八孺子	二十七	二十六	二	六	七
壬子	三十一	二十三	齊悼公	二十八	二十七	三	七	八
癸丑	三十二	二十四	二	二十九	楚惠王	四	八	九
甲寅	三十三	二十五	三	三十	二	五	九	十
乙卯	三十四	二十六	四	三十一	三	六	十	十一
丙辰	三十五	二十七	齊簡公	三十二	四	七	十一	十二
丁巳	三十六	二十八	二	三十三	五	八	十二	十三
戊午	三十七	二十九	三	三十四	六	九	十三	十四
己未	三十八	三十	四	三十五	七	十	十四	十五
庚申	三十九	三十一	齊平公	三十六	八	十一	十五	十六
辛酉	四十	三十二	二	三十七	九	十二	十六	十七
壬戌	四十一	三十三	三	三十八	十	十三	十七	十八

癸亥	四十二	三十四	四	三十九	十一	秦厲公	十八	十九

經辰之戌二千二百一十九

甲子	四十三	三十五	五	四十	十二	二	十九①	二十②
乙丑	四十四	三十六	六	四十一	十三	三	二十	二十一
丙寅	周元王	三十七	七	四十二	十四	四	二十一	二十二
丁卯	二	晉出公③	八	四十三	十五	五	二十二	二十三
戊辰	三	二	九	四十四	十六	六	吴亡	二十四滅吴
己巳	四	三	十	四十五	十七	七		二十五
庚午	五	四	十一	四十六	十八	八		二十六
辛未	六	五	十二	四十七	十九	九		二十七
壬申	周④	六	十三	四十八	二十	十		二十八
癸酉	二	七	十四	四十九	二十一	十一		

① 「十九」以下各行原遞縮一行，據四庫本改。
② 「二十」以下各行原遞縮一行，據四庫本改。
③ 「晉出公」，原作「晉幽公」，據四庫本改。
④ 以下四庫本有「慎定」，實當作「貞定」。

甲戌	三	八	十五	五十	二十二	十二
乙亥	四	九	十六	五十一	二十三	十三
丙子	五	十	十七	五十二	二十四	十四
丁丑	六	十一	十八	五十三	二十五	十五
戊寅	七	十二	十九	五十四	二十六	十六
己卯	八	十三	二十	五十五	二十七	十七
庚辰	九	十四	二十一	五十六	二十八	十八
辛巳	十	十五	二十二	五十七	二十九	十九
壬午	十一	十六	二十三	五十八	三十	二十
癸未	十二	晉哀公	二十四	五十九	三十一	二十一
甲申	十三	二	二十五	六十	三十二	二十二
乙酉	十四	三	二十六	六十一	三十三	二十三
丙戌	十五	四	齊宣公	六十二	三十四	二十四
丁亥	十六	五	二	六十三	三十五	二十五
戊子	十七	六	三	六十四	三十六	二十六
己丑	十八	七	四	宋昭公	三十七	二十七

庚寅	十九	八		五		二	三十八	二十八
辛卯	二十	九		六		三	三十九	二十九
壬辰	二十一		十		七	四	四十	三十
癸巳	二十二		十一		八	五	四十一	三十一

經辰之亥二千二百二十

甲午	二十三	十二	九	六	四十二	三十二
乙未	二十四	十三	十	七	四十三	三十三
丙申	二十五	十四	十一	八	四十四	三十四
丁酉	二十六	十五	十二	九	四十五	秦悼公①
戊戌	二十七	十六	十三	十	四十六	二
己亥	二十八哀王	十七	十四	十一	四十七	三
庚子	周思王、考王②	十八	十五	十二	四十八	四
辛丑	二	十九	十六	十三	四十九	五

① 「秦悼公」，四庫本作「桓公」。實當作「秦躁公」。
② 「考王」，原作「孝王」，據四庫本改。

壬寅	三	晉幽公	十七	十四	五十	六
癸卯	四	二	十八	十五	五十一	七
甲辰	五	三	十九	十六	五十二	八
乙巳	六	四	二十	十七	五十三	九
丙午	七	五	二十一	十八	五十四	十
丁未	八	六	二十二	十九	五十五	十一
戊申	九	七	二十三	二十	五十六	十二
己酉	十	八	二十四	二十一	五十七	十三
庚戌	十一	九	二十五	二十二	楚簡王	秦懷公
辛亥	十二	十	二十六	二十三	二	二
壬子	十三	十一	二十七	二十四	三	三
癸丑	十四	十二	二十八	二十五	四	秦靈公
甲寅	十五	十三	二十九	二十六	五	二
乙卯	十六	十四	三十	二十七	六	三
丙辰	周威烈	十五	三十一	二十八	七	四
丁巳	二	十六	三十二	二十九	八	五

戊午 三 十七 三十三 三十 九 六
己未 四 十八 三十四 三十一 十 七
庚申 五 晉烈公 三十五 三十二 十一 八
辛酉 六 二 三十六 三十三 十二 九
壬戌 七 三 三十七 三十四 十三 十
癸亥 八 四 三十八 三十五 十四 十一

以會經運之八 觀物篇之二十

經日之甲一
經月之午七
經星之巳二百八十六
經辰之子二千二百二十一

甲子 九 五 三十九 三十六 十五 十二
乙丑 十 六 四十 三十七 十六 十三
丙寅 十一 七 四十一 三十八 十七 秦簡公
丁卯 十二 八 四十二 三十九 十八 二

戊辰	十三	九	四十三	四十	十九	三			
己巳	十四	十	四十四	四十一	二十	四			
庚午	十五	十一	四十五	四十二	二十一	五			
辛未	十六	十二	四十六	四十三	二十二	六			
壬申	十七	十三	四十七	四十四	二十三	七			
癸酉	十八	十四	四十八	四十五	二十四	八			
甲戌	十九	十五	四十九	四十六	楚聲王	九			
乙亥	二十	十六	五十	四十七	二	十			
丙子	二十一	十七	五十一	宋悼公①	三	十一			
丁丑	二十二	十八	齊康公	二	四	十二			
戊寅	二十三	十九	二	三	五	十三	韓景侯	魏文侯	趙烈侯
己卯	二十四	二十	三	四	楚悼王	十四	七	二十三	七
庚辰	周安王	二十一	四	五	二	十五	八	二十四	八
辛巳	二	二十二	五	六	三	十六	九	二十五	九

① 「宋悼公」，原作「宋韓公」，據四庫本改。

壬午 三	二十三	六	七	四	秦惠公	韓烈侯	二十六	趙武侯
癸未 四	二十四	七	八	五	二	二	二十七	二
甲申 五	二十五	八	宋休公①	六	三	三	二十八	三
乙酉 六	二十六	九	二	七	四	四	二十九	四
丙戌 七	二十七	十	三	八	五	五	三十	五
丁亥 八	晉孝公	十一	四	九	六	六	三十一	六
戊子 九	二	十二	五	十	七	七	三十二	七
己丑 十	三	十三	六	十一	八	八	三十三	八
庚寅 十一	四	十四	七	十二	九	九	三十四	九
辛卯 十二	五	十五	八	十三	十	十	三十五	十
壬辰 十三	六	十六	九	十四	十一	十一	三十六	十一
癸巳 十四	七	十七	十	十五	十二	十二	三十七	十二

經辰之丑二千二百二十二

甲午 十五	八	十八	十一	十六	十三	十三	三十八	十二

①「宋休公」，原作「宋休王」，據四庫本改。

乙未	十六	九	後齊太公	十二	十七	秦出子	韓文侯	魏武侯	趙敬侯
丙申	十七	十	二	十三	十八	秦獻公	二	二	二
丁酉	十八	十一	齊桓公	十四	十九	二	三	三	三
戊戌	十九	十二	二	十五	二十	三	四	四	四
己亥	二十	十三	三	十六	二十一	四	五	五	五
庚子	二十一	十四	四	十七	二十二	五	六	六	六
辛丑	二十二	十五	五	十八	楚肅王	六	七	七	七
壬寅	二十三	十六	六	十九	二	七	八	八	八
癸卯	二十四	十七	齊威王	二十	三	八	九	九	九
甲辰	二十五	晉靜公	二	二十一	四	九	十	十	十
乙巳	二十六	晉亡	三	二十二	五	十	韓哀侯	十一	十一
丙午	周烈王		四	二十三	六	十一	二	十二	十二
丁未	二		五	宋辟公	七	十二	三	十三	趙成侯
戊申	三		六	二	八	十三	四	十四	二
己酉	四		七	三	九	十四	五	十五	三

庚戌	五		八	宋剔成①	十	十五	韓懿侯②	十六	四
辛亥	六		九	二	十一	十六	二③	魏惠王	五
壬子	七		十	三	楚宣王	十七	三	二	六
癸丑	周顯王		十一	四	二	十八	四	三	七
甲寅	二周分爲二		十二	五	三	十九	五	四	八
乙卯	三	二	十三	六	四	二十	六	五	九
丙辰	四	三	十四	七	五	二十一	七	六	十
丁巳	五	四	十五	八	六	二十二	八	七	十一
戊午	六	五	十六	九	七	二十三	九	八	十二
己未	七	六	十七	十	八	二十四	十	九	十三
庚申	八	七	十八	十一	九	秦孝公	十一	十	十四
辛酉	九	東周傑亡④	十九	十二	十	二	十二	十一	十五

① 「剔成」，原作「剔威」，據四庫本改。
② 「韓懿侯」，四庫本作「六」。
③ 「二」，四庫本作「韓懿侯」。按：四庫本以此年爲韓懿侯即位之年。
④ 「立」，原作「亡」，據四庫本改。

壬戌	十	二	二十	十三	十一	三	十三	十二	十六
癸亥	十一	三①	二十一	十四	十二	四	韓昭侯	十三	十七

經辰之寅二千二百二十三

甲子	十二		二十二	十五	十三	五	二	十四	十八
乙丑	十三		二十三	十六	十四	六	三	十五	十九
丙寅	十四		二十四	十七	十五	七	四	十六	二十
丁卯	十五		二十五	十八	十六	八	五	十七	二十一
戊辰	十六		二十六	十九	十七	九	六	十八	二十二
己巳	十七		二十七	二十	十八	十	七	十九	二十三
庚午	十八		二十八	二十一	十九	十一	八	二十	二十四
辛未	十九		二十九	二十二	二十	十二	九	二十一	二十五
壬申	二十		三十	二十三	二十一	十三	十	二十二	趙肅侯
癸酉	二十一		三十一	二十四	二十二	十四	十一	二十三	二

① 「三」，自上頁「乙卯」行下「二」至此，四庫本除「東周傑立」作雙行小字置「辛酉九」下，其餘無。下頁據四庫本將齊國以下各提上一欄，以便再下頁排入燕國。

甲戌	二十二	三十二	二十五	二十三	十五	十二	二十四	三
乙亥	二十三	三十三	二十六	二十四	十六	十三	二十五	四
丙子	二十四	三十四	二十七	二十五	十七	十四	二十六	五
丁丑	二十五	三十五	二十八	二十六	十八	十五	二十七	六
戊寅	二十六	三十六	二十九	二十七	十九	十六	二十八	七
己卯	二十七	齊宣王	三十	二十八	二十	十七	二十九	八
庚辰	二十八	二	三十一	二十九	二十一	十八	三十	九
辛巳	二十九	三	三十二	三十	二十二	十九	三十一	十
壬午	三十	四	三十三	楚威王	二十三	二十	三十二	十一
癸未	三十一	五	三十四	二	二十四	二十一	三十三	十二
甲申	三十二	六	三十五	三	秦惠王	二十二	三十四	十三
乙酉	三十三	七	三十六	四	二	二十三	三十五	十四
丙戌	三十四	八	三十七	五	三	二十四	三十六	十五
丁亥	三十五	九	三十八	六滅越	四	二十五	魏襄王	十六
戊子	三十六	十	三十九	七	五	二十六	二稱王	十七

己丑	三十七	十一	四十	八	六	韓宣惠	三	十八	
庚寅	三十八	十二	四十一	九	七	二	四	十九	
辛卯	三十九	十三	宋元王	十	八	三	五	二十	
壬辰	四十	十四	二	十一	九	四	六	二十一	
癸巳	四十一	十五	三	楚懷王	十	五	七	二十二	

經辰之卯二千二百二十四

甲午	四十二	十六	四	二	十一	六	八	二十三	
乙未	四十三	十七	五	三	十二	七	九	二十四	
丙申	四十四	十八	六	四	十三	八	十	趙武靈	
丁酉	四十五	十九	七	五	十四	九	十一	二	
戊戌	四十六	齊湣王	八	六	十五	十	十二	三	燕易王
己亥	四十七	二	九	七	十六	十一	十三	四	二
庚子	四十八	三	十	八	十七	十二	十四	五	三
辛丑	周慎靚	四	十一	九	十八	十三	十五	六	燕王噲
壬寅	二	五	十二	十	十九	十四	十六	七	二
癸卯	三	六	十三	十一	二十	十五	魏哀王	八	三

甲辰	四	七	十四	十二	二十一	十六	二	九	四
乙巳	五	八	十五	十三	二十二	十七	三	十	五
丙午	六	九	十六	十四	二十三	十八	四	十一	六
丁未	周赧王	十	十七	十五	二十四	十九	五	十二	七
戊申	二	十一	十八	十六	二十五	二十	六	十三	八
己酉	三	十二	十九	十七	二十六	二十一	七	十四	燕昭王
庚戌	四	十三	二十	十八	二十七	韓襄王	八	十五	二
辛亥	五	十四	二十一	十九	秦武王	二	九	十六	三
壬子	六	十五	二十二	二十	二	三	十	十七	四
癸丑	七	十六	二十三	二十一	三	四	十一	十八	五
甲寅	八	十七	二十四	二十二	四	五	十二	十九	六
乙卯	九	十八	二十五	二十三	秦昭襄	六	十三	二十	七
丙辰	十	十九	二十六	二十四	二	七	十四	二十一	八
丁巳	十一	二十	二十七	二十五	三	八	十五	二十二	九
戊午	十二	二十一	二十八	二十六	四	九	十六	二十三	十
己未	十三	二十二	二十九	二十七	五	十	十七	二十四	十一

庚申	十四	二十三	三十	二十八	六	十一	十八	二十五	十二
辛酉	十五	二十四	三十一	二十九	七	十二	十九	二十六	十三
壬戌	十六	二十五	三十二	三十	八	十三	二十	二十七	十四
癸亥	十七	二十六	三十三	楚頃襄	九	十四	二十一	趙惠文①	十五

經辰之辰二千二百二十五

甲子	十八	二十七	三十四	二	十	十五	二十二	二	十六
乙丑	十九	二十八	三十五	三	十一	十六	二十三	三	十七
丙寅	二十	二十九	三十六	四	十二	韓釐王	魏昭王	四	十八
丁卯	二十一	三十	三十七	五	十三	二	二	五	十九
戊辰	二十二	三十一	三十八	六	十四	三	三	六	二十
己巳	二十三	三十二	三十九	七	十五	四	四	七	二十一
庚午	二十四	三十三	四十	八	十六	五	五	八	二十二
辛未	二十五	三十四	四十一	九	十七	六	六	九	二十三
壬申	二十六	三十五	四十二	十	十八	七	七	十	二十四

① 「趙惠文」，原作「趙文惠」，據四庫本改。

癸酉	二十七	三十六	四十三	十一	十九	八	八	十一	二十五
甲戌	二十八	三十七	四十四	十二	二十	九	九	十二	二十六
乙亥	二十九	三十八滅宋	宋亡	十三	二十一	十	十	十三	二十七
丙子	三十	三十九		十四	二十二	十一	十一	十四	二十八
丁丑	三十一	齊襄王		十五	二十三	十二	十二	十五	二十九
戊寅	三十二	二		十六	二十四	十三	十三	十六	三十
己卯	三十三	三		十七	二十五	十四	十四	十七	三十一
庚辰	三十四	四		十八	二十六	十五	十五	十八	三十二
辛巳	三十五	五		十九	二十七	十六	十六	十九	三十三
壬午	三十六	六		二十	二十八	十七	十七	二十	燕惠王
癸未	三十七	七		二十一	二十九	十八	十八	二十一	二
甲申	三十八	八		二十二	三十	十九	十九	二十二	三
乙酉	三十九	九		二十三	三十一	二十	魏釐王	二十三	四
丙戌	四十	十		二十四	三十二	二十一	二	二十四	五
丁亥	四十一	十一		二十五	三十三	二十二	三	二十五	六
戊子	四十二	十二		二十六	三十四	二十三	四	二十六	七

己丑	四十三	十三		二十七	三十五	韓桓惠	五	二十七	八
庚寅	四十四	十四		二十八	三十六	二	六	二十八	燕武成
辛卯	四十五	十五	二十九	三十七	三	七	二十九	二
壬辰	四十六	十六	三十	三十八	四	八	三十	三
癸巳	四十七	十七	三十一	三十九	五	九	三十一	四

經辰之巳二千二百二十六

甲午	四十八	十八	三十二	四十	六	十	三十二	五
乙未	四十九	十九	三十三	四十一	七	十一	三十三	六
丙申	五十	二十	三十四	四十二	八	十二	趙孝成	七
丁酉	五十一	齊王建	三十五	四十三	九	十三	二	八
戊戌	五十二	二	三十六	四十四	十	十四	三	九
己亥	五十三	三	楚考烈	四十五	十一	十五	四	十
庚子	五十四	四	二	四十六	十二	十六	五	十一
辛丑	五十五	五	三	四十七	十三	十七	六	十二
壬寅	五十六	六	四	四十八	十四	十八	七	十三
癸卯	五十七	七	五	四十九	十五	十九	八	十四

甲辰 五十八	八	六	五十	十六	二十	九	燕孝王
乙巳 周滅	九	七	五十一滅周	十七	二十一	十	二
丙午	十	八	五十二	十八	二十二	十一	三
丁未	十一	九	五十三	十九	二十三	十二	燕王喜
戊申	十二	十	五十四	二十	二十四	十三	二
己酉	十三	十一	五十五	二十一	二十五	十四	三
庚戌	十四	十二	五十六①	二十二	二十六	十五	四
辛亥 東周惠君亡	十五	十三	秦孝文、莊襄	二十三	二十七	十六	五
壬子	十六	十四	二	二十四	二十八	十七	六
癸丑	十七	十五	三	二十五	二十九	十八	七
甲寅	十八	十六	四	二十六	三十	十九	八
乙卯	十九	十七	秦始皇	二十七	三十一	二十	九
丙辰	二十	十八	二	二十八	三十二	二十一	十
丁巳	二十一	十九	三	二十九	三十三	趙悼襄	十一

① 「五十六」，四庫本「孝文」列於此下而非次行。

戊午	二十二	二十	四	三十	三十四	二	十二
己未	二十三	二十一	五	三十一	魏景湣	三	十三
庚申	二十四	二十二	六	三十二	二	四	十四
辛酉	二十五	二十三	七	三十三	三	五	十五
壬戌	二十六	二十四	八	三十四	四	六	十六
癸亥	二十七	二十五	九	韓王安	五	七	十七

經辰之午二千二百二十七

甲子	二十八	楚幽王	十	二	六	八	十八
乙丑	二十九	二	十一	三	七	九	十九
丙寅	三十	三	十二	四	八	趙王遷	二十
丁卯	三十一	四	十三	五	九	二	二十一
戊辰	三十二	五	十四	六	十	三	二十二
己巳	三十三	六	十五	七	十一	四	二十三
庚午	三十四	七	十六	八	十二	五	二十四
辛未	三十五	八	十七滅韓	韓亡	十三	六	二十五
壬申	三十六	九	十八		十四	七	二十六

癸酉	三十七	十	十九滅趙	十五	趙亡	二十七
甲戌	三十八	楚負芻	二十	魏王假		二十八
乙亥	三十九	二	二十一滅燕	二		燕亡
丙子	四十	三	二十二滅魏	魏亡		
丁丑	四十一	四	二十三			
戊寅	四十二	楚亡	二十四滅楚			
己卯	四十三		二十五			
庚辰	齊亡		二十六滅齊			
辛巳			二十七			
壬午			二十八			
癸未			二十九			
甲申			三十			
乙酉			三十一			
丙戌			三十二			
丁亥			三十三			
戊子				三十四		

己丑　三十五
庚寅　三十六
辛卯　三十七
壬辰　秦二世
癸巳　二

經辰之末二千二百二十八

甲午　漢高祖先入關　楚伯王後入關①　秦亡
乙未　二　二
丙申　三　三
丁酉　四　四
戊戌　五　五
己亥　六　楚亡
庚子　七
辛丑　八

①「伯王」，四庫本作「項王」。

壬寅 九

癸卯 十

甲辰 十一

乙巳 十二

丙午 十三

丁未 漢惠帝

戊申 二

己酉 三

庚戌 四

辛亥 五

壬子 六

癸丑 七

甲寅 漢吕后立惠帝養子①

乙卯 二

---

①「惠帝養子」，四庫本作「無名子」。

丙辰　三

丁巳　漢吕后立養子恒山王爲帝①

戊午　二

己未　三

庚申　四

辛酉　漢文帝

壬戌　二

癸亥　三

經辰之申二千二百二十九

甲子　四

乙丑　五

丙寅　六

丁卯　七

戊辰　八

① 四庫本無「養子」、「爲帝」四字。

己巳 九
庚午 十
辛未 十一
壬申 十二
癸酉 十三
甲戌 十四
乙亥 十五
丙子 十六
丁丑 十七
戊寅 十八後元①
己卯 十九
庚辰 二十
辛巳 二十一
壬午 二十二

① 四庫本自此以後帝王在位中途改元，時間重計。

癸未 二十三

甲申 二十四

乙酉 漢景帝

丙戌 二

丁亥 三

戊子 四

己丑 五

庚寅 六

辛卯 七

壬辰 八中元

癸巳 九

經辰之酉二千二百三十

甲午 十

乙未 十一

丙申 十二

丁酉 十三

戊戌 十四後元
己亥 十五
庚子 十六
辛丑漢武帝①
壬寅 二
癸卯 三
甲辰 四
乙巳 五
丙午 六
丁未 七元光
戊申 八
己酉 九
庚戌 十
辛亥 十一

① 「帝」後，四庫本有「建元」二字。

壬子 十二
癸丑 十三元朔
甲寅 十四
乙卯 十五
丙辰 十六
丁巳 十七
戊午 十八
己未 十九元狩
庚申 二十
辛酉 二十一
壬戌 二十二
癸亥 二十三

經辰之戌二千二百三十一

甲子 二十四
乙丑 二十五元鼎
丙寅 二十六

丁卯 二十七
戊辰 二十八
己巳 二十九
庚午 三十
辛未 三十一元封
壬申 三十二
癸酉 三十三
甲戌 三十四
乙亥 三十五
丙子 三十六
丁丑 三十七太初
戊寅 三十八
己卯 三十九
庚辰 四十
辛巳 四十一天漢
壬午 四十二

癸未 四十三
甲申 四十四
乙酉 四十五太始
丙戌 四十六
丁亥 四十七
戊子 四十八
己丑 四十九征和
庚寅 五十
辛卯 五十一
壬辰 五十二
癸巳 五十三後元
經辰之亥二千二百三十二
甲午 五十四
乙未 漢昭帝始元
丙申 二
丁酉 三

戊戌 四

己亥 五

庚子 六

辛丑 七元鳳

壬寅 八

癸卯 九

甲辰 十

乙巳 十一

丙午 十二

丁未 十三元平

戊申 漢宣帝本始

己酉 二

庚戌 三

辛亥 四

壬子 五地節

癸丑 六

甲寅 七
乙卯 八
丙辰 九元康
丁巳 十
戊午 十一
己未 十二
庚申 十三神爵
辛酉 十四
壬戌 十五
癸亥 十六

以會經運之九　觀物篇之二十一

經日之甲一
經月之午七
經星之庚一百八十七
經辰之子二千二百三十三

甲子 十七五鳳
乙丑 十八
丙寅 十九
丁卯 二十
戊辰 二十一甘露
己巳 二十二
庚午 二十三
辛未 二十四
壬申 二十五黄龍
癸酉 漢元帝初元
甲戌 二
乙亥 三
丙子 四
丁丑 五
戊寅 六永光
己卯 七

庚辰 八
辛巳 九
壬午 十
癸未 十一建昭
甲申 十二
乙酉 十三
丙戌 十四
丁亥 十五
戊子 十六竟寧
己丑 漢成帝建始
庚寅 二
辛卯 三
壬辰 四
癸巳 五河平

經辰之丑二千二百三十四

甲午 六
乙未 七
丙申 八
丁酉 九陽朔①
戊戌 十
己亥 十一
庚子 十二
辛丑 十三鴻嘉
壬寅 十四
癸卯 十五
甲辰 十六
乙巳 十七永始
丙午 十八
丁未 十九

① 「陽朔」,原作「龍朔」,據四庫本改。

戊申 二十
己酉 二十一元延
庚戌 二十二
辛亥 二十三
壬子 二十四
癸丑 二十五綏和
甲寅 二十六
乙卯 漢哀帝建平
丙辰 二
丁巳 三
戊午 四
己未 五元壽
庚申 六
辛酉 漢平帝元始
壬戌 二
癸亥 三

經辰之寅二千二百三十五

甲子 四

乙丑 五

丙寅 漢孺子居攝①

丁卯 二

戊辰 三初始②

己巳 漢王莽稱新室，改建國元年

庚午 二

辛未 三

壬申 四

癸酉 五

甲戌 六天鳳

乙亥 七

① 「居攝」，原作「初始」，據四庫本改。
② 「初始」，原作「始初」，據四庫本改。

丙子 八
丁丑 九
戊寅 十
己卯 十一
庚辰 十二地皇
辛巳 十三
壬午 十四
癸未 十五劉玄稱更始
甲申 漢光武帝①
乙酉 二稱帝稱建武
丙戌 三
丁亥 四
戊子 五
己丑 六

① 「帝」後，四庫本有「封蕭王」三字。

庚寅 七

辛卯 八

壬辰 九

癸巳 十

經辰之卯二千二百三十六

甲午 十一

乙未 十二

丙申 十三

丁酉 十四

戊戌 十五

己亥 十六

庚子 十七

辛丑 十八

壬寅 十九

癸卯 二十

甲辰 二十一

乙巳 二十二
丙午 二十三
丁未 二十四
戊申 二十五
己酉 二十六
庚戌 二十七
辛亥 二十八
壬子 二十九
癸丑 三十
甲寅 三十一
乙卯 三十二
丙辰 三十三①
丁巳 三十四
戊午 漢明帝永平

① 是年，四庫本有「中元」二字。

己未 二
庚申 三
辛酉 四
壬戌 五
癸亥 六

經辰之辰二千二百三十七

甲子 七
乙丑 八
丙寅 九
丁卯 十
戊辰 十一
己巳 十二
庚午 十三
辛未 十四
壬申 十五
癸酉 十六

甲戌 十七

乙亥 十八

丙子 漢章帝建初

丁丑 二

戊寅 三

己卯 四

庚辰 五

辛巳 六

壬午 七

癸未 八

甲申 九元和

乙酉 十

丙戌 十一

丁亥 十二章和

戊子 十三

己丑 漢和帝永元

庚寅 二
辛卯 三
壬辰 四
癸巳 五
經辰之巳二千二百三十八
甲午 六
乙未 七
丙申 八
丁酉 九
戊戌 十
己亥 十一
庚子 十二
辛丑 十三
壬寅 十四
癸卯 十五
甲辰 十六

乙巳 十七①
丙午 漢殤帝延平
丁未 漢安帝永初
戊申 二
己酉 三
庚戌 四
辛亥 五
壬子 六
癸丑 七
甲寅 八元初
乙卯 九
丙辰 十
丁巳 十一
戊午 十二

① 是年，四庫本有「元興」二字。

己未 十三
庚申 十四永寧
辛酉 十五建光①
壬戌 十六延光
癸亥 十七
經辰之午二千二百三十九
甲子 十八
乙丑 十九
丙寅 漢順帝永建
丁卯 二
戊辰 三
己巳 四
庚午 五
辛未 六

① 「建光」，原作「建元」，四庫本同，據《後漢書·安帝紀》改。

壬申 七陽嘉
癸酉 八
甲戌 九
乙亥 十
丙子 十一永和
丁丑 十二
戊寅 十三
己卯 十四
庚辰 十五
辛巳 十六
壬午 十七漢安
癸未 十八
甲申 十九①
乙酉 漢沖帝永嘉

① 是年，四庫本有「建康」二字。

丙戌 漢質帝本初
丁亥 漢桓帝建和
戊子 二
己丑 三
庚寅 四和平
辛卯 五元嘉
壬辰 六
癸巳 七永興
經辰之未二千二百四十
甲午 八
乙未 九永壽
丙申 十
丁酉 十一
戊戌 十二延熹
己亥 十三
庚子 十四

辛丑 十五
壬寅 十六
癸卯 十七
甲辰 十八
乙巳 十九
丙午 二十
丁未 二十一永康
戊申 漢靈帝建寧
己酉 二
庚戌 三
辛亥 四
壬子 五熹平①
癸丑 六
甲寅 七

① 「熹平」，原作「嘉平」，據四庫本改。

乙卯 八
丙辰 九
丁巳 十
戊午 十一光和
己未 十二
庚申 十三
辛酉 十四
壬戌 十五
癸亥 十六
經辰之申二千二百四十一
甲子 十七中平
乙丑 十八
丙寅 十九
丁卯 二十
戊辰 二十一

己巳 二十二先①
庚午 漢獻帝初平
辛未 二
壬申 三
癸酉 四
甲戌 五興平
乙亥 六
丙子 七建安
丁丑 八
戊寅 九
己卯 十
庚辰 十一
辛巳 十二
壬午 十三

① 「先」，此處四庫本作「光熹，又昭寧、永漢」。

癸未　十四
甲申　十五
乙酉　十六
丙戌　十七
丁亥　十八
戊子　十九
己丑　二十
庚寅　二十一
辛卯　二十二
壬辰　二十三
癸巳　二十四
經辰之酉二千二百四十二
甲午　二十五
乙未　二十六
丙申　二十七
丁酉　二十八

戊戌	二十九		
己亥	三十		
庚子	魏文帝		
辛丑	二黃初	蜀先帝	
壬寅	三	二章武	吳大帝
癸卯	四	蜀後主建興①	二黃武②
甲辰	五	二	三
乙巳	六	三	四
丙午	七	四	五
丁未	魏明帝太和	五	六
戊申	二	六	七
己酉	三	七	八黃龍③
庚戌	四	八	九

① 「建興」，原作「建平」，據四庫本改。
② 「黃武」，原作「神武」，據四庫本改。
③ 「黃龍」，原作「黃初」，據四庫本改。

辛亥 五	九	十
壬子 六	十	十一嘉禾
癸丑 七青龍	十一	十二
甲寅 八	十二	十三
乙卯 九	十三	十四
丙辰 十	十四	十五
丁巳 十一景初	十五	十六
戊午 十二	十六延熙	十七①
己未 十三	十七	十八
庚申 魏帝芳正始②	十八	十九
辛酉 二	十九	二十
壬戌 三	二十	二十一
癸亥 四	二十一	二十二

① 「十七」後，四庫本有「赤烏」二字。
② 「正始」，原作「平始」，據四庫本改。

經辰之戌二千二百四十三

甲子 五 二十二 二十三
乙丑 六 二十三 二十四
丙寅 七 二十四 二十五
丁卯 八 二十五 二十六
戊辰 九 二十六 二十七
己巳 十嘉平 二十七 二十八
庚午 十一 二十八 二十九
辛未 十二 二十九 三十
壬申 十三 三十 三十一①
癸酉 十四 三十一 吴帝亮
甲戌 魏帝正元髦② 三十二 二③
乙亥 二 三十三 三

① 「三十一」後，四庫本有「神鳳建興」四字。
② 「魏帝正元髦」，四庫本作「魏高貴正元」。
③ 「二」後，四庫本有「五鳳」二字。

丙子 三甘露	三十四	四太平
丁丑 四	三十五	五
戊寅 五	三十六	吴帝烈①
己卯 六	三十七	二
庚辰 魏帝奂景元②	三十八	三
辛巳 二	三十九	四
壬午 三	四十	五
癸未 四	蜀亡③	六
甲申 五④		吴帝皓元興⑤
乙酉 晋武帝太始⑥		二甘露

① 「帝烈」，四庫本作「帝休永安」。
② 「奂」，四庫本作「道」。
③ 「蜀亡」，四庫本作「蜀炎興亡」。
④ 「五」後，四庫本有「咸熙」二字。
⑤ 「帝皓元興」，四庫本作「帝始元興」。
⑥ 「太始」，四庫本作「泰始」。

丙戌 二　三寶鼎①
丁亥 三　四
戊子 四　五
己丑 五　六②
庚寅 六　七
辛卯 七　八
壬辰 八　九③
癸巳 九　十
經辰之亥二千二百四十四
甲午 十　十一
乙未 十一咸寧　十二天册④

① 「寶鼎」，原作「寶昌」，據四庫本改。
② 「六」後，四庫本有「建衡」二字。
③ 「九」後，四庫本有「鳳凰」二字。
④ 「天册」，原作「大武」，據四庫本改。

丙申	十二	十三①
丁酉	十三	十四
戊戌	十四	十五
己亥	十五	十六
庚子	十六②	吴亡
辛丑	十七	
壬寅	十八	
癸卯	十九	
甲辰	二十	
乙巳	二十一	
丙午	二十二	
丁未	二十三	
戊申	二十四	

① 「十三」後，四庫本有「天璽」二字。
② 「十六」後，四庫本有「太康滅吴」四字。

己酉　二十五
庚戌　二十六①
辛亥　晉惠帝②
壬子　二
癸丑　三
甲寅　四
乙卯　五
丙辰　六
丁巳　七
戊午　八
己未　九
庚申　十③

① 「二十六」後，四庫本有「太熙永熙」四字。
② 「晉惠帝」後，四庫本有「永平元康」四字。
③ 「十」後，四庫本有「永康」二字。

辛酉　十一永寧①

壬戌　十二②

癸亥　十三

以會經運之十　觀物篇之二十二

經日之甲一

經月之午七

經星之辛一百八十八

經辰之子二千二百四十五

甲子　十四永安、建武、永興　漢劉淵元熙

乙丑　十五　二

丙寅　晉懷帝永嘉③　三　後蜀李雄永武④

① 「永寧」，原作「永字」，據四庫本改。

② 「十二」後，四庫本有「大安」二字。

③ 「懷帝永嘉」，四庫本作「光熙懷帝」。

④ 「永武」，四庫本作「大武」。

丁卯	二①	四	二	
戊辰	三	五永鳳	三	
己巳	四	六河瑞	四	
庚午	五	漢劉聰光興	五	
辛未	六蒙塵平陽	二②	六	
壬申	七	三	七	
癸酉	晉愍帝建興	四	八	
甲戌	二	五建元	九	前涼張寔永興
乙亥	三	六	十	二
丙子	四蒙塵平陽	七麟嘉	十一	三
丁丑	東晉元帝建武③	八	十二	四
戊寅	二④	前趙劉曜光初	十三	五

① 「二」後，四庫本有「永嘉」二字。
② 「二」後，四庫本有「嘉平」二字。
③ 「建」字原只存末畫一捺，據四庫本補。
④ 「二」後，四庫本有「稱帝太興」。

己卯 三稱帝大武	二	十四	六	後趙石勒趙王
庚辰 四	三	十五	涼張茂永元	二
辛巳 五	四	十六	二	三
壬午 六永昌	五	十七	三	四
癸未 晉明帝太寧①	六	十八	四	五
甲申 二	七	十九	涼張駿太元	六
乙酉 三	八	二十	二	七
丙戌 晉成帝咸和②	九	二十一	三	八
丁亥 二	十	二十二	四	九
戊子 三	前趙亡	二十三	五	十
己丑 四		二十四	六	十一
庚寅 五		二十五	七	十二③
辛卯 六		二十六	八	十三

① 「明帝」，原作「昭帝」，據四庫本改。
② 「咸和」，原作「戍知」，據四庫本改。
③ 「二」後，四庫本有「建平」二字。

壬辰	七	二十七	九	十四
癸巳	八	蜀李班	十	趙延熙①

經辰之丑二千二百四十六

甲午	九	蜀玉恒②	十一	二
乙未	十③	二	十二	趙建武④
丙申	十一	三	十三	二
丁酉	十二	四	十四	三
戊戌	十三	蜀李壽漢興	十五	四
己亥	十四	二	十六	五
庚子	十五	三	十七	六
辛丑	十六	四	十八	七
壬寅	十七	五太和⑤	十九	八

①「延」前，四庫本有「石弘」二字。
②「玉」前，四庫本有「李期」二字。
③「十」後，四庫本有「咸康」二字。
④「建」前，四庫本有「石虎」二字。
⑤四庫本無「太和」二字。

癸卯	晉康帝建元	漢李勢①	二十	九		
甲辰	二	二	二十一	十		
乙巳	晉穆帝永和②	三	二十二	十一		
丙午	二	四嘉寧	二十三永樂③	十二		
丁未	三④	蜀漢亡	涼張重華	十三		
戊申	四		二	十四		
己酉	五		三	十五太寧	前燕慕容後燕元⑤	
庚戌	六		四	十六⑥	二	
辛亥	七		五	後趙亡	三滅趙	前秦苻健⑦皇始
壬子	八		六		四元璽	二

---

①「勢」後，四庫本有「太和」二字。
②「穆帝」，原作「楚帝」，據四庫本改。
③「永樂」二字，四庫本置於次行「張重華」下。
④「三」後，四庫本有「滅蜀」二字。
⑤「慕容後燕元」，四庫本作「慕容儁元年」。
⑥「十六」後，四庫本有「石祇永寧」四字。
⑦「苻健」，原作「符犍」，據四庫本改。

癸丑　九	涼張祚和平①	五	三
甲寅　十	二	六	四
乙卯　十一	涼玄靚太始②	七	五
丙辰　十二	二	八	秦苻生壽光③
丁巳　十三④	三	九光壽	秦苻堅永興⑤
戊午　十四	四	十	二
己未　十五	五	十一	三甘露⑥
庚申　十六	六	燕慕容暐建熙⑦	四
辛酉　十七	七	二	五
壬戌　晉哀帝隆和	八	三	六

① 「和平」，原作「永平」，據四庫本改。
② 「玄靚」，原作「李觀」，四庫本作「玄觀」，據《晉書》卷八六《玄靚傳》改。
③ 「苻生」，原作「符堅」，據四庫本改。
④ 「十三」後，四庫本有「升平」二字。
⑤ 「苻堅」，原作「符璽」，據四庫本改。
⑥ 「甘露」，原作「甘路」，據四庫本改。
⑦ 「燕慕容暐建熙」，四庫本作「前燕」。

癸亥 二興寧 涼天錫太清 四 七

經辰之寅二千二百四十七

甲子 三 二 五 八

乙丑 四 三 六 九①

丙寅 晉帝奕太和② 四 七 十

丁卯 二 五 八 十一

戊辰 三 六 九 十二

己巳 四 七 十 十三

庚午 五 八 前燕亡 十四滅燕

辛未 晉文帝咸安 九 十五

壬申 二 十 十六

癸酉 晉武帝寧康 十一 十七

甲戌 二 十二 十八

---

①「九」後，四庫本有「建元」二字。

②「帝奕」，四庫本作「廢帝」。

乙亥 三		十三				十九
丙子 四太元		涼亡				二十滅涼
丁丑 五						二十一
戊寅 六						二十二
己卯 七						二十三
庚辰 八						二十四
辛巳 九						二十五
壬午 十						二十六
癸未 十一	後燕慕容垂燕元					二十七
甲申 十二	二	後秦姚萇白雀①				二十八
乙酉 十三	三	二	後魏	西秦乞伏國仁建義		秦苻丕太安
丙戌 十四建興②	四建興	三③	二拓跋珪改登國④	二	後涼呂光太安	秦苻登太初
丁亥 十五	五	四	三	三	二	二

① 「姚萇」，原作「姚長」，據四庫本改。
② 四庫本無「建興」二字。
③ 「三」後，四庫本有「建初」二字。
④ 「拓跋珪」，原作「托跋珪」，據四庫本改。

戊子 十六 六 五 四 秦乾歸太初 三 三

己丑 十七 七 六 五 二 四① 四

庚寅 十八 八 七 六 三 五 五

辛卯 十九 九 八 七 四 六 六

壬辰 二十 十 九 八 五 七 七

癸巳 二十一 十一 十 九 六 八 八

經辰之卯二千二百四十八

甲午 二十二 十二 秦姚興皇初 十 七 九 前秦亡

乙未 二十三 十三 二 十一 八 十龍飛②

丙申 二十四 燕寶永康③ 三④ 十二 九 十一

丁酉 晉安帝隆安二 四 十三 十 十二 南涼禿烏⑤ 北涼段業神璽⑥

---

①「四」後，四庫本有「麟嘉」二字。

②「龍飛」，四庫本在次行「丙申 十一」後。

③「寶永康」，原作「實永寧」，據四庫本改。

④「三」後，四庫本有「皇始」二字。

⑤「禿烏」，四庫本作「禿髮烏孤」。

⑥「段業神璽」，四庫本無。

戊戌	二	燕盛長樂①	五②	十四	十一	十三	二太初	二	南燕慕容元年③	
己亥	三	二④	六弘始	十五	十二	涼呂纂咸寧	三	三天璽	二	
庚子	四	三	七	十六	十三	二	涼利鹿建和⑤	四	三建平	西涼李暠⑥
辛丑	五	燕熙光始	八	十七	十四	三	二	北涼⑦	四	二
壬寅	六⑧	二	九	十八	十五	涼呂隆⑨	涼傉檀弘昌	二永安	五	三
癸卯	七	三	十	十九	十六	二	二	三	六	四
甲辰	八	四	十一	二十⑩	十七	後涼亡	三	四	七	五
乙巳	九⑪	五	十二	二十一	十八		四	五	燕超⑫	六建初

① 「長樂」，四庫本作「建平」。
② 「五」後，四庫本有「天興」二字。
③ 「慕容元年」，四庫本作「慕容德稱元年」。
④ 「二」後，四庫本有「長樂」二字。
⑤ 「利鹿建和」，四庫本作「利鹿孤建和」。
⑥ 「暠」後，四庫本有「庚子」二字。
⑦ 「涼」後，四庫本有「沮渠蒙遜」四字。
⑧ 「六」後，四庫本有「元興」二字。
⑨ 「隆」後，四庫本有「神鼎」二字。
⑩ 「二十」後，四庫本有「天錫」二字。
⑪ 「九」後，四庫本有「義熙」二字。
⑫ 「超」後，四庫本有「太上」二字。

丙午 十	北燕高云正始①	十三	二十二	十九	五	六	二	七	夏②
丁未 十一	二	十四	二十三	二十更始	六	七	三	八	二
戊申 十二	三	十五	魏明帝永興③	二十一	七	八	四	九	三
己酉十三滅南燕	北燕馮跋太平	十六	二	二十二	八	九	南燕亡	十	四
庚戌 十四	二	十七	三	西秦熾盤永康	九	十		十一	五
辛亥 十五	三	十八	四	二	十	十一		十二	六
壬子 十六	四	十九	五	三	十一	十二④		十三	七
癸丑 十七	五	二十	六神瑞	四	十二	十三		十四	八鳳翔
甲寅 十八	六	二十一	七	五	南涼亡	十四		十五	九
乙卯 十九	七	二十二	八泰常	六	十五	十六		十	
丙辰 二十	八	秦姚泓永和	九	七	十六	十七		十一	
丁巳 二十一	九	後秦亡	十	八	十七	西涼李歆嘉興		十二	

---

① 「云」，四庫本作「靈」。
② 「夏」後，四庫本有「赫連勃勃」四字。
③ 「永興」，四庫本在「己酉 十三」下。
④ 「十二」後，四庫本有「玄始」二字。

戊午 晉德文	十	十一	九	十八 二	十三昌武①
己未二元熙	十一	十二	十②	十九 三	十四真興③
庚申 宋武帝永和④	十二	十三	十一	二十	四 十五
辛酉 二	十三	十四	十二	二十一	五 十六
壬戌 三	十四	十五	十三	二十二	六 十七
癸亥 宋義符景平	十五	十六	十四	二十三滅西涼	西涼亡十八

經辰之辰二千二百四十九

甲子 宋文帝元嘉	十六	魏太武始光	十五	二十四	十九
乙丑 二	十七	二	十六	二十五	夏昌承光⑤
丙寅 三	十八	三	十七	二十六	二
丁卯 四	十九	四	十八	二十七	三

---

① 「昌武」，原作「武昌」，據四庫本改。
② 「十」後，四庫本有「建弘」二字。
③ 「真興」，「興」原脱，據四庫本補。
④ 「永初」，原作「永和」，據四庫本改。
⑤ 「承光」，原作「永光」，據四庫本改。

戊辰	五	二十	五①	西秦暮末永弘②	二十八承玄	夏定勝光
己巳	六	二十一	六	二	二十九	二
庚午	七	北燕馮弘太興	七	三	三十義和	三滅西秦
辛未	八	二	八滅夏	西秦亡	三十一	夏亡
壬申	九	三	九延和		三十二	
癸酉	十	四	十		北涼牧犍③	
甲戌	十一	五	十一		二	
乙亥	十二	六	十二太延		三	
丙子	十三	北燕亡	十三滅北燕		四	
丁丑	十四		十四		五	
戊寅	十五		十五		六	
己卯	十六		十六④		北涼亡	

① 「五」後，四庫本有「神䴥」二字。
② 「暮末永弘」，原作「慕末永嘉」，據四庫本改。
③ 「牧犍」後，四庫本有「永和」二字。
④ 「十六」後，四庫本有「滅北涼」三字。

庚辰	十七	十七太平真君
辛巳	十八	十八
壬午	十九	十九
癸未	二十	二十
甲申	二十一	二十一
乙酉	二十二	二十二
丙戌	二十三	二十三
丁亥	二十四	二十四
戊子	二十五	二十五
己丑	二十六	二十六
庚寅	二十七	二十七
辛卯	二十八	二十八①
壬辰	二十九	魏②

① 「二十八」後，四庫本有「正平」二字。
② 「魏」後，四庫本有「文成興安」四字。

癸巳　宋帝駿建武①　二

經辰之巳二千二百五十

甲午　二②　三③

乙未　三　四太安

丙申　四　五

丁酉　五④　六

戊戌　六　七

己亥　七　八

庚子　八　九⑤

辛丑　九　十

壬寅　十　十一

---

①「帝駿建武」，四庫本作「孝武」。

②「二」後，四庫本有「孝元」二字。

③「三」後，四庫本有「興光」二字。

④「五」後，四庫本有「大明」二字。

⑤「九」後，四庫本有「和平」二字。

癸卯	十一	十二
甲辰	宋①	十三
乙巳	宋帝彧太始②	十四
丙午	二	魏③
丁未	三	二④
戊申	四	三
己酉	五	四
庚戌	六	五
辛亥	七	魏⑤
壬子	宋帝昱元徽⑥	二
癸丑	二	三
甲寅	三	四

①「宋」後，四庫本有「帝業永光」四字。
②「帝彧太始」，四庫本作「明帝太始」。
③「魏」後，四庫本有「獻文天安」四字。
④「二」後，四庫本有「皇興」二字。
⑤「魏」後，四庫本有「孝文延興」四字。
⑥「帝昱元徽」，四庫本作「大豫帝昱」。

乙卯 四　五①

丙辰 五　六永和

丁巳 宋順帝準昇明②　七③

戊午 二　八

己未 齊高帝建元　九

庚申 二　十

辛酉 三　十一

壬戌 四　十二

癸亥 齊武帝永明　十三

經辰之午二千二百五十一④

甲子 二　十四

乙丑 三　十五

---

①「五」後，四庫本有「承明」二字。

②「順帝準昇明」，四庫本作「順帝昇平」。

③「七」後，四庫本有「太和」二字。

④「五十一」，「一」字，原脱，據四庫本補。

丙寅 四 十六
丁卯 五 十七
戊辰 六 十八
己巳 七 十九
庚午 八 二十
辛未 九 二十一
壬申 十 二十二
癸酉 齊昭業隆昌 二十三
甲戌 齊明帝建武 二十四
乙亥 二 二十五遷居洛陽
丙子 三 二十六改姓元氏
丁丑 四 二十七
戊寅 五① 二十八

①「五」後，四庫本有「永泰」二字。

己卯	齊寶卷永元①	二十九
庚辰	二	魏宣武景明
辛巳	齊寶融中興	二
壬午	梁武帝天監	三
癸未	二	四
甲申	三	五正始
乙酉	四	六
丙戌	五	七
丁亥	六	八
戊子	七	九永平
己丑	八	十
庚寅	九	十一
辛卯	十	十二
壬辰	十一	十三延昌

①「寶卷」，四庫本作「寶泰」。

癸巳 十二 十四

經辰之未二千二百五十二

甲午 十三 十五

乙未 十四 十六

丙申 十五 魏明帝熙平

丁酉 十六 二

戊戌 十七 三神龜

己亥 十八 四

庚子 十九普通 五正光

辛丑 二十 六

壬寅 二十一 七

癸卯 二十二 八

甲辰 二十三 九

乙巳 二十四 十孝昌

丙午 二十五 十一

丁未 二十六大通 十二

戊申	二十七	魏孝莊建義，永安①	
己酉	二十八中大通	二	
庚戌	二十九	魏帝曄建明②	
辛亥	三十	魏帝恭普泰③	
壬子	三十一	魏帝脩太昌、永熙④	
癸丑	三十二	二	
甲寅	三十三	西魏寶炬	東魏善見靜帝天平
乙卯	三十四大同	二大統	二
丙辰	三十五	三	三
丁巳	三十六	四	四
戊午	三十七	五	五元象⑤

① 「孝莊建義永安」，原作「孝昭義熙永寧」，據四庫本改。
② 「帝曄」，原作「帝皞」，四庫本作「帝煜」，據《魏書》卷一九下《景穆十二王列傳》改。
③ 「泰」後，四庫本有「朗中興」三字。
④ 「帝脩太昌」，原作「帝循天□」，據四庫本改。四庫本無「永熙」二字。
⑤ 「元象」，「象」字原闕，據四庫本補。

己未	三十八	六	六興和
庚申	三十九	七	七
辛酉	四十	八	八
壬戌	四十一	九	九
癸亥	四十二	十	十武定

經辰之申二千二百五十三

甲子	四十三	十一	十一
乙丑	四十四	十二	十二
丙寅	四十五①	十三	十三
丁卯	四十六太清	十四	十四
戊辰	四十七	十五	十五
己巳	梁文帝大寶②	十六	十六
庚午	二	十七	北齊宣帝天保

① 「五」後，四庫本有「中大同」三字。

② 「梁」後，四庫本有「簡」字。「大寶」，四庫本在「庚午　二」後。

辛未 梁①			十八	二
壬申 梁元帝承聖			西魏帝欽元年	三
癸酉 二			二	四
甲戌 梁恭帝②			西魏恭帝元年	五
乙亥 二紹泰	後梁蕭詧大定③			六
丙子 三太平	二	周閔帝元年		七
丁丑 陳武帝永定	三	周明帝元年		八
戊寅 二	四	二		九
己卯 三	五	三武成		十
庚辰 陳文帝天嘉④	六	周武帝永定		齊昭帝皇建⑤
辛巳 二	七	二⑥		齊武帝太寧

①「梁」後，據四庫本有「棟天正」三字。
②「帝」後，據四庫本有「方智」二字。
③「梁」，原作「南涼」，「大定」，原作「天定」，四庫本同，據《北史》卷九三《僭僞附庸傳》改。
④「天嘉」，原作「太嘉」，據四庫本改。
⑤「建」上，底本不清，四庫本作「皇」，是，據補。
⑥「二」後，四庫本有「保定」二字。

壬午	三	後梁蕭巋天保①	三	二河清
癸未	四	二	四	三
甲申	五	三	五	四
乙酉	六	四	六	齊高緯天統
丙戌	七②	五	七③	二
丁亥	陳④	六	八	三
戊子	陳宣帝	七	九	四
己丑	二太建⑤	八	十	五
庚寅	三	九	十一	六
辛卯	四	十	十二	七
壬辰	五	十一	十三⑥	八

① 「梁」，四庫本作「涼」。
② 「七」後，四庫本有「天康」二字。
③ 「七」後，四庫本有「天保」二字。「保」實當作「和」。
④ 「陳」後，四庫本有「伯宗光天」四字。「天」實當作「大」。
⑤ 「太建」，四庫本無。
⑥ 「十三」後，四庫本有「建德」二字。

癸巳	六	十二	十四	九

經辰之酉二千二百五十四

甲午	七	十三	十五	十
乙未	八	十四	十六	十一
丙申	九	十五	十七	十二隆化
丁酉	十	十六	十八滅北齊	北齊亡
戊戌	十一	十七	周宣帝大成①	
己亥	十二	十八	周静帝大象	
庚子	十三	十九	二	
辛丑	十四	二十	隋文帝②	
壬寅	十五	二十一	二	
癸卯	陳叔寶至德	二十二	三	
甲辰	二	二十三	四	

① 「大成」，原作「天成」，四庫本同，據《周書》卷七《宣帝紀》改。
② 「帝」後，四庫本有「開皇」二字。

乙巳 三 二十四 五
丙午 四 後梁蕭琮廣運① 六
丁未 五禎明納國于寶② 七
戊申 六 八
己酉 陳亡 九滅陳
庚戌 十
辛亥 十一
壬子 十二
癸丑 十三
甲寅 十四
乙卯 十五
丙辰 十六
丁巳 十七
戊午 十八

①「梁」，四庫本作「涼」。
②「于寶」，四庫本作「于隋」。

己未　十九
庚申　二十
辛酉　二十一仁壽
壬戌　二十二
癸亥　二十三

經辰之戌二千二百五十五

甲子　隋煬帝
乙丑　二大業
丙寅　三
丁卯　四
戊辰　五
己巳　六
庚午　七
辛未　八
壬申　九
癸酉　十

甲戌　　十一
乙亥　　十二
丙子　　十三
丁丑　　隋亡①
戊寅　唐高祖武德
己卯　二
庚辰　三
辛巳　四
壬午　五
癸未　六
甲申　七
乙酉　八
丙戌　唐太宗
丁亥　二貞觀

① 「亡」後，四庫本有「帝侑義寧」四字。

戊子 三

己丑 四

庚寅 五

辛卯 六

壬辰 七

癸巳 八

經辰之亥二千二百五十六

甲午 九

乙未 十

丙申 十一

丁酉 十二

戊戌 十三

己亥 十四

庚子 十五

辛丑 十六

壬寅 十七

癸卯 十八
甲辰 十九
乙巳 二十
丙午 二十一
丁未 二十二
戊申 二十三
己酉 二十四
庚戌 唐高宗永徽
辛亥 二
壬子 三
癸丑 四
甲寅 五
乙卯 六
丙辰 七顯慶
丁巳 八
戊午 九

己未　十
庚申　十一
辛酉　十二①
壬戌　十三
癸亥　十四

以會經運之十一　觀物篇之二十三

經日之甲一
經月之午七
經星之壬一百八十九
經辰之子二千二百五十七

甲子　十五麟德
乙丑　十六
丙寅　十七乾封

①「二」後，四庫本有「龍朔」二字。

丁卯 十八
戊辰 十九總章
己巳 二十
庚午 二十一咸亨①
辛未 二十二
壬申 二十三
癸酉 二十四
甲戌 二十五上元
乙亥 二十六
丙子 二十七儀鳳
丁丑 二十八
戊寅 二十九
己卯 三十調露
庚辰 三十一永隆

①「咸亨」，原作「咸寧」，據四庫本改。

辛巳　三十二開耀
壬午　三十三永淳
癸未　三十四弘道
甲申　唐中宗嗣聖　武后廢帝爲廬陵王，遷之均，立豫章王旦，改元文明，①再改元光宅。
乙酉　二武后徙帝于房②
丙戌　三
丁亥　四
戊子　五
己丑　六武后改元永昌
庚寅　七武后改元載初，又改國爲周，元曰天授，豫章王旦爲皇嗣。
辛卯　八
壬辰　九武后改元如意，再改長壽。
癸巳　十

① 「文明」，原作「大明」，據四庫本改。
② 「房」後，四庫本有「陵，改元垂拱」五字。

經辰之丑二千二百五十八

甲午　十一武后改元延載

乙未　十二武后改元證聖，再改元天册萬歲。

丙申　十三武后改元萬歲登封，再改萬歲通天。

丁酉　十四武后改元神功

戊戌　十五武后改元聖曆，召帝房陵①。

己亥　十六

庚子　十七武后改元久視

辛丑　十八武后改元大足，再改元長安。

壬寅　十九

癸卯　二十

甲辰　二十一

乙巳　二十二復唐，改元神龍，中宗年號。

丙午　二十三

---

① 「陵」後，四庫本有「復政」二字。

丁未 二十四景龍
戊申 二十五
己酉 二十六
庚戌 唐睿宗景雲
辛亥 二
壬子 唐玄宗先天
癸丑 二開元
甲寅 三
乙卯 四
丙辰 五
丁巳 六
戊午 七
己未 八
庚申 九
辛酉 十
壬戌 十一

癸亥 十二

經辰之寅二千二百五十九

甲子 十三

乙丑 十四

丙寅 十五

丁卯 十六

戊辰 十七

己巳 十八

庚午 十九

辛未 二十

壬申 二十一

癸酉 二十二

甲戌 二十三

乙亥 二十四

丙子 二十五楊妃入①

① 「入」後，四庫本有「宫」字。

丁丑 二十六
戊寅 二十七
己卯 二十八
庚辰 二十九
辛巳 三十
壬午 三十一天寶
癸未 三十二
甲申 三十三
乙酉 三十四
丙戌 三十五
丁亥 三十六
戊子 三十七
己丑 三十八
庚寅 三十九
辛卯 四十
壬辰 四十一

癸巳 四十二

經辰之卯二千二百六十

甲午 四十三

乙未 四十四

丙申 唐肅宗至德

丁酉 二

戊戌 三乾元

己亥 四

庚子 五上元

辛丑 六

壬寅 七寶應

癸卯 唐代宗廣德

甲辰 二

乙巳 三永泰

丙午 四大曆

丁未 五

戊申　六
己酉　七
庚戌　八
辛亥　九
壬子　十
癸丑　十一
甲寅　十二
乙卯　十三
丙辰　十四
丁巳　十五
戊午　十六
己未　十七
庚申　唐德宗建中
辛酉　二
壬戌　三
癸亥　四

經辰之辰二千二百六十一

甲子 五興元

乙丑 六貞元

丙寅 七

丁卯 八

戊辰 九

己巳 十

庚午 十一

辛未 十二

壬申 十三

癸酉 十四

甲戌 十五

乙亥 十六

丙子 十七

丁丑 十八

戊寅 十九

己卯 二十
庚辰 二十一
辛巳 二十二
壬午 二十三
癸未 二十四
甲申 二十五
乙酉 二十六順宗不及年①
丙戌 唐憲宗元和
丁亥 二
戊子 三
己丑 四
庚寅 五
辛卯 六
壬辰 七

① 「年」後，四庫本有「永貞」二字。

癸巳 八
經辰之巳二千二百六十二
甲午 九
乙未 十
丙申 十一
丁酉 十二
戊戌 十三
己亥 十四
庚子 十五
辛丑 唐穆宗長慶
壬寅 二
癸卯 三
甲辰 四
乙巳 唐敬宗寶曆
丙午 二
丁未 唐文宗太和

戊申 二
己酉 三
庚戌 四
辛亥 五
壬子 六
癸丑 七
甲寅 八
乙卯 九
丙辰 十開成
丁巳 十一
戊午 十二
己未 十三
庚申 十四
辛酉 唐武宗會昌
壬戌 二
癸亥 三

經辰之午二千二百六十三

甲子 四
乙丑 五
丙寅 六
丁卯 唐宣宗大中①
戊辰 二
己巳 三
庚午 四
辛未 五
壬申 六
癸酉 七
甲戌 八
乙亥 九
丙子 十

① 「大中」，原作「太平」，據四庫本改。

丁丑 十一
戊寅 十二
己卯 十三
庚辰 唐懿宗咸通
辛巳 二
壬午 三
癸未 四
甲申 五
乙酉 六
丙戌 七
丁亥 八
戊子 九
己丑 十
庚寅 十一
辛亥 十二
壬辰 十三

癸巳 十四

經辰之末二千二百六十四

甲午 唐僖宗乾符

乙未 二

丙申 三王仙芝陷淮南

丁酉 四黃巢陷沂、鄆

戊戌 五

己亥 六

庚子 七① 廣明　黃巢陷兩京，稱齊、金統

辛丑 八中和

壬寅 九

癸卯 十黃巢走藍關

甲辰 十一

乙巳 十二光啓

---

① 「七」，原闕，據四庫本補。

丙午	十三建身①	王潮據福州				
丁未	十四	二				
戊申	十五文德	三				
己酉	唐昭宗龍紀	四	錢鏐據杭州	王建據成都		
庚戌	二②	五	二	二		
辛亥	三	六	三	三	楊行密據揚州	
壬子	四景福③	七	四	四	二	
癸丑	五	八	五	五	三	
甲寅	六乾寧	九	六	六	四	李茂貞據鳳翔
乙卯	七	十	七	七	五	二
丙辰	八	十一	八	八	六	三
丁巳	九	十二	九	九	七	四
戊午	十光化	閔王審知	十	十	八	五

① 「建身」，當爲「建貞」。
② 「二」後，四庫本有「大順」二字。
③ 「景福」，原作「景德」，據四庫本改。

己未 十一	二	十一	十一	九	六
庚申 十二	三	十二	十二	十	七
辛酉 十三天復	四	十三	十三	十一	八
壬戌 十四	五	十四封越王	十四	十二封吴王	九
癸亥 十五	六	十五	十五	十三	十

經辰之申二千二百六十五

甲子 十六天祐	七	十六	十六	十四	十一
乙丑 唐哀帝	八	十七	十七	吴渥立	十二
丙寅 二	九	十八	十八	二	十三
丁卯 梁全忠開平	十	十九	十九	三	十四
戊辰 二	十一	二十	蜀王建稱帝	吴渭立	十五
己巳 三	十二	二十一	二武成	二	十六
庚午 四	十三	二十二	三	三	十七

辛未 五乾化①	十四	二十三	四②	四	十八	
壬申 梁友珪鳳曆	十五	二十四	五	五	十九	
癸酉 梁友貞乾化	十六	二十五	六	六	二十	
甲戌 二	十七	二十六	七	七	二十一	
乙亥 三貞明③	十八	二十七	八	八	二十二	
丙子 四	十九	二十八	九通正	九	二十三	
丁丑 五	二十	二十九	十天漢	十	二十四	南漢劉陟乾亨
戊寅 六	二十一	三十	十一光天④	十一	二十五	二
己卯 七	二十二	三十一	蜀王衍乾德	十二渭帝武義	二十六	三
庚辰 八	二十三	三十二	二	二	二十七	四
辛巳 九龍德	二十四	三十三	三	吴溥立順義	二十八	五
壬午 十	二十五	三十四	四	二	二十九	六
癸未 後唐莊宗同光	二十六	三十五	五	三	附于後唐	七

①「乾化」，原作「乾祐」，據四庫本改。
②「四」後，四庫本有「永平」二字。
③「貞明」，原作「貞昭」，四庫本無，據《新五代史》卷三《末帝紀》改。
④「光天」，原作「天光」，據四庫本改。

甲申　二	二十七	三十六	六	四	八	
乙酉　三滅蜀	閩延翰	三十七	蜀亡	五	九白龍	
丙戌　後唐明宗天成	閩延鈞	三十八		六	十	
丁亥　二	二	三十九		七①	十一	契丹耶律德光天顯
戊子　三	三	四十		八	十二大有	二
己丑　四	四	四十一		九②	十三	三
庚寅　五長興	五	四十二		十	十四	四
辛卯　六	六	四十三		十一	十五	五
壬辰　七	七③	四十四		十二	十六	六
癸巳　後唐閔帝	八	吴王元瓘		十三	十七	七
經辰之酉二千二百六十六						
甲午　後唐從珂清泰④	九	二	蜀孟知祥明德	十四	十八	八

① 「七」後，四庫本有「乾真」二字。按當作「乾貞」。
② 「九」後，四庫本有「大和」二字。
③ 「七」後，四庫本有「光啟」二字。按當作「龍啟」。
④ 「從珂」，原作「從河」，據四庫本改。「從」字前，四庫本尚有「應順」二字。

乙未	二	閩永和王昶	三	蜀孟昶明德	十五天祚①	十九	九
丙申	晉敬塘天福②	二通文	四	二	十六	二十	十
丁酉	二	三	五	三	南唐李昪③	二十一	十一
戊戌	三	四	六	四④	二	二十二	十二會同
己亥	四	閩延義永隆	七	五廣政⑤	三	二十三	十三
庚子	五	二	八	六	四	二十四	十四
辛丑	六	三	九	七	五	二十五	十五
壬寅	七	四	吳錢佐⑥	八	六	二十六⑦	十六
癸卯	晉重貴	五	二	九	七	南漢玢晟	十七

① 「天祚」，原作「天祐」，據四庫本改。
② 「敬塘」，四庫本作「石塘」。
③ 「昪」後，四庫本有「昇元」二字。
④ 「四」後，四庫本有「廣政」二字。
⑤ 四庫本無「廣政」二字。
⑥ 「錢佐」，原作「錢伍」，據四庫本改。
⑦ 「六」後，四庫本有「份光天」三字。按「份」當作「玢」。

甲辰 二開運	閩延政天德①	三	十	南唐李璟保大②	二應乾乾和		十八
乙巳 三	二	四	十一	二	三		十九
丙午 四	三	五	十二	三	四		二十
丁未 漢知遠	閩留從効③	六	十三	四	五	契丹兀欲天禄④	
戊申 二乾祐	二	吴錢俶	十四	五	六	二	
己酉 漢隱帝承祐	三	二	十五	六	七	三	
庚戌 二	四	三	十六	七	八	四	
辛亥 周郭威廣順	五	四	十七	八	九	契丹述律應曆⑤	北漢劉崇乾祐
壬子 二	六	五	十八	九	十	二	二
癸丑 三	七	六	十九	十	十一	三	三
甲寅 四顯德	八	七	二十	十一	十二	四	四
乙卯 周世宗	九	八	二十一	十二	十三	五	五

①「天德」，原作「大德」，據四庫本改。
②「李璟」，原作「李景」，據四庫本改。
③「留從効」，「効」字原闕，四庫本作「孝」，據《新五代史》補改。
④「兀欲」，原作「元欲」，據四庫本改。
⑤「述律應曆」，原作「耶律明立」，據四庫本改。

丙辰	二	十	九	二十二	十三	十四	六	北漢承鈞天會
丁巳	三	十一	十	二十三	十四①	十五	七	二
戊午	四	十二	十一	二十四	十五	十六	八	三
己未	五	十三	十二	二十五	十六	南漢鋹大寶②	九	四
庚申	宋太祖建隆	十四	十三	二十六	十七	二	十	五
辛酉	二	十五	十四	二十七	十八	三	十一	六
壬戌	三	十六	十五	二十八	南唐李煜③	四	十二	七
癸亥	四乾德	閩洪進	十六	二十九	二	五	十三	八

經辰之戌二千二百六十七

甲子	五	二	十七	三十	三	六	十四	九
乙丑	六滅蜀	三	十八	蜀亡	四	七	十五	十
丙寅	七	四	十九		五	八	十六	十一
丁卯	八	五	二十		六	九	十七	十二

① 「四」後，四庫本有「交泰」二字。
② 「鋹」，四庫本作「張」。
③ 「李煜」，原作「李昱」，據四庫本改。

戊辰 九開寶	六	二十一	七	十	十八	十三
己巳 十	七	二十二	八	十一	契丹明記保寧	北漢繼元廣運
庚午 十一	八	二十三	九	十二	二	二
辛未 十二	九	二十四	十	十三	三	三
壬申 十三	十	二十五	十一	南漢亡	四	四
癸酉 十四	十一	二十六	十二		五	五
甲戌 十五	十二	二十七	十三		六	六
乙亥 十六	十三納國	二十八	南唐亡		七	七
丙子 宋太宗太平興國		二十九納國			八	
丁丑 二					九	九
戊寅 三					十	十
己卯 四滅北漢					十一乾亨	北漢亡
庚辰 五					十二	
辛巳 六					十三	
壬午 七					十四	
癸未 八					契丹隆緒統和	

甲申 九雍熙 二

乙酉 十 三

丙戌 十一 四

丁亥 十二 五

戊子 十三端拱 六

己丑 十四 七

庚寅 十五淳化 八

辛卯 十六 九

壬辰 十七 十

癸巳 十八 十一

經辰之亥二千二百六十八

甲午 十九 十二

乙未 二十至道① 十三

丙申 二十一 十四

① 「至道」，四庫本作「孟道」。

丁酉 二十二 十五
戊戌 宋真宗咸平 十六
己亥 二 十七
庚子 三 十八
辛丑 四 十九
壬寅 五 二十
癸卯 六 二十一
甲辰 七景德 二十二
乙巳 八 二十三
丙午 九 二十四
丁未 十 二十五
戊申 十一大中祥符 二十六
己酉 十二 二十七
庚戌 十三 二十八
辛亥 十四 二十九

壬子 十五 三十開泰①
癸丑 十六 三十一
甲寅 十七 三十二
乙卯 十八 三十三
丙辰 十九 三十四
丁巳 二十天禧 三十五
戊午 二十一 三十六
己未 二十二 三十七
庚申 二十三 三十八
辛酉 二十四 三十九②
壬戌 二十五③ 四十
癸亥 宋仁宗天聖 四十一

---

① 「開泰」，原作「朝宋」，據四庫本改。
② 「九」後，四庫本有「太平」二字。
③ 「五」後，四庫本有「乾興」二字。

以會經運之十二　觀物篇之二十四

經日之甲一

經月之午七

經星之癸一百九十

經辰之子二千二百六十九

甲子　二　四十二

乙丑　三　四十三

丙寅　四　四十四

丁卯　五　四十五

戊辰　六　四十六

己巳　七　四十七

庚午　八　四十八

辛未　九　四十九①

①「九」後，四庫本有「景福」二字。

壬申 十明道	契丹宗真重熙①	西夏元昊②顯道
癸酉 十一	三	二
甲戌 十二③	四	三開運、廣運
乙亥 十三	五	四
丙子 十四	六	五大慶
丁丑 十五	七	六
戊寅 十六寶元	八	七天授禮法延祚④
己卯 十七	九	
庚辰 十八康定	十	
辛巳 十九慶曆	十一	
壬午 二十	十二	
癸未 二十一	十三	

① 「契丹宗真重熙」，原作「聲興重」，據四庫本改。
② 「元昊」，「昊」原作「是」，四庫本作「吴」，據《宋史》卷四八五《夏國傳》改。
③ 「二」後，四庫本有「景祐」二字。
④ 「天授禮法延祚」，原作「天受理法延」，四庫本「禮」作「理」，據《宋史》卷四八五《夏國傳》補改。

甲申　二十二　十四
乙酉　二十三　十五
丙戌　二十四　十六
丁亥　二十五　十七
戊子　二十六　十八
己丑　二十七皇祐　十九
庚寅　二十八　二十
辛卯　二十九　二十一
壬辰　三十　二十二
癸巳　三十一　二十三
經辰之丑二千二百七十
甲午　三十二至和　二十四
乙未　三十三　契丹洪基清寧①
丙申　三十四嘉祐　二

①「基清寧」三字，據四庫本補。

丁酉 三十五　三
戊戌 三十六　四
己亥 三十七　五
庚子 三十八　六
辛丑 三十九　七
壬寅 四十　八
癸卯 四十一　九
甲辰 宋英宗治平①　十
乙巳 二　十一②
丙午 三　十二改國大遼
丁未 四　十三
戊申 宋神宗熙寧③　十四
己酉 二　十五

① 「治平」，原作「治正」，四庫本無，據《宋史》卷一三《英宗紀》改。
② 「一」後，四庫本有「咸雍」二字。
③ 「宋神宗」，四庫本作「今上」。

庚戌	三	十六
辛亥	四	十七
壬子	五	十八
癸丑	六	十九
甲寅	七	二十
乙卯	八	二十一
丙辰	九	二十二
丁巳	十①	二十三
戊午	十一	
己未	十二	
庚申	十三	
辛酉	十四	
壬戌	十五	
癸亥	十六	

① 四庫本自此年以後無數字及皇帝謚號。

經辰之寅二千二百七十一

甲子　十七
乙丑　十八
丙寅　宋哲宗
丁卯　二
戊辰　三
己巳　四
庚午　五
辛未　六
壬申　七
癸酉　八
甲戌　九
乙亥　十
丙子　十一
丁丑　十二
戊寅　十三

己卯 十四
庚辰 十五
辛巳 宋徽宗
壬午 二
癸未 三
甲申 四
乙酉 五
丙戌 六
丁亥 七
戊子 八
己丑 九
庚寅 十
辛卯 十一
壬辰 十二
癸巳 十三
經辰之卯二千二百七十二
甲午 十四

乙未　十五
丙申　十六
丁酉　十七
戊戌　十八
己亥　十九
庚子　二十
辛丑　二十一
壬寅　二十二
癸卯　二十三
甲辰　二十四
乙巳　二十五
丙午　宋欽宗
丁未　宋高宗
戊申　二
己酉　三
庚戌　四

辛亥　五

壬子　六

癸丑　七

甲寅　八

乙卯　九

丙辰　十

丁巳　十一

戊午　十二

己未　十三

庚申　十四

辛酉　十五

壬戌　十六

癸亥　十七

經辰之辰二千二百七十三

甲子　十八

乙丑　十九

丙寅　二十
丁卯　二十一
戊辰　二十二
己巳　二十三
庚午　二十四
辛未　二十五
壬申　二十六
癸酉　二十七
甲戌　二十八
乙亥　二十九
丙子　三十
丁丑　三十一
戊寅　三十二
己卯　三十三
庚辰　三十四
辛巳　三十五

壬午 三十六
癸未 宋孝宗
甲申 二
乙酉 三
丙戌 四
丁亥 五
戊子 六
己丑 七
庚寅 八
辛卯 九
壬辰 十
癸巳 十一
經辰之巳二千二百七十四
甲午 十二
乙未 十三
丙申 十四

丁酉 十五
戊戌 十六
己亥 十七
庚子 十八
辛丑 十九
壬寅 二十
癸卯 二十一
甲辰 二十二
乙巳 二十三
丙午 二十四
丁未 二十五
戊申 二十六
己酉 二十七
庚戌 宋光宗
辛亥 二
壬子 三

癸丑 四
甲寅 五
乙卯 宋寧宗
丙辰 二
丁巳 三
戊午 四
己未 五
庚申 六
辛酉 七
壬戌 八
癸亥 九

經辰之午二千二百七十五

甲子 十
乙丑 十一
丙寅 十二
丁卯 十三

戊辰　十四
己巳　十五
庚午　十六
辛未　十七
壬申　十八
癸酉　十九
甲戌　二十
乙亥　二十一
丙子　二十二
丁丑　二十三
戊寅　二十四
己卯　二十五
庚辰　二十六
辛巳　二十七
壬午　二十八
癸未　二十九

甲申 三十

乙酉 宋理宗寶慶元年

丙戌 二

丁亥 三

戊子 紹定元年

己丑 二

庚寅 三

辛卯 四

壬辰 五

癸巳 六

經辰之未二千二百七十六

甲午 端平元年

乙未

丙申

丁酉 嘉熙元年

戊戌

己亥
庚子
辛丑　淳祐元年
壬寅
癸卯
甲辰
乙巳
丙午
丁未
戊申
己酉
庚戌
辛亥
壬子
癸丑　寶祐元年
甲寅

乙卯

丙辰

丁巳

戊午

己未 開慶元年

庚申 景定元年

辛酉

壬戌

癸亥

經辰之申二千二百七十七

甲子

乙丑 宋度宗

丙寅

丁卯

戊辰

己巳

庚午
辛未
壬申
癸酉
甲戌
乙亥 幼主
丙子 元至元十三年宋亡
丁丑
戊寅
己卯
庚辰
辛巳
壬午
癸未
甲申
乙酉

丙戌
丁亥
戊子
己丑
庚寅
辛卯
壬辰
癸巳

經辰之酉二千二百七十八

甲午
乙未
丙申
丁酉
戊戌
己亥
庚子

辛丑
壬寅
癸卯
甲辰
乙巳
丙午
丁未
戊申
己酉
庚戌
辛亥
壬子
癸丑
甲寅
乙卯
丙辰

丁巳
戊午
己未
庚申
辛酉
壬戌
癸亥

經辰之戌二千二百七十九

甲子
乙丑
丙寅
丁卯
戊辰
己巳
庚午
辛未

壬申
癸酉
甲戌
乙亥
丙子
丁丑
戊寅
己卯
庚辰
辛巳
壬午
癸未
甲申
乙酉
丙戌
丁亥

戊子
己丑
庚寅
辛卯
壬辰
癸巳

經辰之亥二千二百八十

甲午
乙未
丙申
丁酉
戊戌
己亥
庚子
辛丑
壬寅

癸卯
甲辰
乙巳
丙午 元亡
丁未
戊申 大明洪武元年
己酉
庚戌
辛亥
壬子
癸丑
甲寅
乙卯
丙辰
丁巳
戊午

己未
庚申
辛酉
壬戌
癸亥

閉物終月戌之中經星之戌三百一十五

經辰之子二千二百六十九
經辰之丑二千二百七十
經辰之寅二千二百七十一
經辰之卯二千二百七十二
經辰之辰二千二百七十三
經辰之巳二千二百七十四
經辰之午二千二百七十五
經辰之未二千二百七十六
經辰之申二千二百七十七
經辰之酉二千二百七十八

經辰之戌二千二百七十九
經辰之亥二千二百八十
經星之甲一百九十一
經星之甲一百九十一
經星之乙一百九十二
經星之丙一百九十三
經星之丁一百九十四
經星之戊一百九十五
經星之己一百九十六
經星之庚一百九十七
經星之辛一百九十八
經星之壬一百九十九
經星之癸二百
經星之甲二百一
經星之乙二百二
經星之丙二百三

經星之丁二百四
經星之戊二百五
經星之己二百六
經星之庚二百七
經星之辛二百八
經星之壬二百九
經星之癸二百十

經日之甲一
經月之未八
經星之甲二百一十一
經星之甲二百一十一
經星之乙二百一十二
經星之丙二百一十三
經星之丁二百一十四
經星之戊二百一十五
經星之己二百一十六

經星之庚二百一十七
經星之辛二百一十八
經星之壬二百一十九
經星之癸二百二十
經星之甲二百二十一
經星之乙二百二十二
經星之丙二百二十三
經星之丁二百二十四
經星之戊二百二十五
經星之己二百二十六
經星之庚二百二十七
經星之辛二百二十八
經星之壬二百二十九
經星之癸二百三十
經星之甲二百三十一
經星之乙二百三十二

經星之丙二百三十三

經星之丁二百三十四

經星之戊二百三十五

經星之己二百三十六

經星之庚二百三十七

經星之辛二百三十八

經星之壬二百三十九

經星之癸二百四十

經日之甲一

經月之申九

經星之甲二百四十一

經星之甲二百四十一

經星之乙二百四十二

經星之丙二百四十三

經星之丁二百四十四

經星之戊二百四十五

經星之己二百四十六
經星之庚二百四十七
經星之辛二百四十八
經星之壬二百四十九
經星之癸二百五十
經星之甲二百五十一
經星之乙二百五十二
經星之丙二百五十三
經星之丁二百五十四
經星之戊二百五十五
經星之己二百五十六
經星之庚二百五十七
經星之辛二百五十八
經星之壬二百五十九
經星之癸二百六十
經星之甲二百六十一

經星之乙二百六十二
經星之丙二百六十三
經星之丁二百六十四
經星之戊二百六十五
經星之己二百六十六
經星之庚二百六十七
經星之辛二百六十八
經星之壬二百六十九
經星之癸二百七十
經日之甲一
經月之酉十
經星之甲二百七十一
經星之甲二百七十一
經星之乙二百七十二
經星之丙二百七十三
經星之丁二百七十四

經星之戊二百七十五
經星之己二百七十六
經星之庚二百七十七
經星之辛二百七十八
經星之壬二百七十九
經星之癸二百八十
經星之甲二百八十一
經星之乙二百八十二
經星之丙二百八十三
經星之丁二百八十四
經星之戊二百八十五
經星之己二百八十六
經星之庚二百八十七
經星之辛二百八十八
經星之壬二百八十九
經星之癸二百九十

經星之甲二百九十一
經星之乙二百九十二
經星之丙二百九十三
經星之丁二百九十四
經星之戊二百九十五
經星之己二百九十六
經星之庚二百九十七
經星之辛二百九十八
經星之壬二百九十九
經星之癸三百
經日之甲一
經月之戊十一
經星之甲三百一
經星之甲三百一
經星之乙三百二
經星之丙三百三

經星之丁三百四
經星之戊三百五
經星之己三百六
經星之庚三百七
經星之辛三百八
經星之壬三百九
經星之癸三百十
經星之甲三百一十一
經星之乙三百一十二
經星之丙三百一十三
經星之丁三百一十四
經星之戊三百一十五
①

---

① 此處，四庫本有「閉物經月戊之終」七字。

皇極經世卷第五

以運經世之一　觀物篇之二十五

經元之甲一①

經會之巳六②

經運之癸一百八十③

經世之子二千一百四十九

經世之子二千一百四十九

經世之丑二千一百五十

經世之寅二千一百五十一

經世之卯二千一百五十二

①「元」，原作「世」，據四庫本改，後各篇同。
②「會之巳」，原作「世之已」，據四庫本改，後各篇同。
③「運」，原作「世」，據四庫本改，後各篇同。

經世之辰二千一百五十三

經世之巳二千一百五十四

經世之午二千一百五十五

經世之未二千一百五十六

甲午

乙未

丙申

丁酉

戊戌

己亥

庚子

辛丑

壬寅

癸卯

甲辰　唐帝堯肇位于平陽，號陶唐氏。命羲、和，欽若昊天，曆象日月星辰，敬授人時。朞三百六旬有六日，以閏月定四時成歲，曰載。建寅月爲始。允釐百工，庶績咸熙。

乙巳
丙午
丁未
戊申
己酉
庚戌
辛亥
壬子
癸丑
甲寅
乙卯
丙辰
丁巳
戊午
己未
庚申

辛酉
壬戌
癸亥
經世之申二千一百五十七
甲子　唐帝堯二十一年。
乙丑
丙寅
丁卯
戊辰
己巳
庚午
辛未
壬申
癸酉
甲戌
乙亥

丙子
丁丑
戊寅
己卯
庚辰
辛巳
壬午
癸未
甲申
乙酉
丙戌
丁亥
戊子
己丑
庚寅
辛卯

壬辰
癸巳
經世之酉二千一百五十八
甲午　唐帝堯五十一年。
乙未
丙申
丁酉
戊戌
己亥
庚子
辛丑
壬寅
癸卯
甲辰
乙巳
丙午

丁未

戊申

己酉

庚戌

辛亥

壬子　鯀治水，績用不成。①

癸丑　帝堯求禪，明明揚測陋。始徵舜登庸，歷試諸難，釐降二女于嬀汭，作嬪于虞，以觀法焉。

甲寅

乙卯　舜言底可績，帝以德薦之于天②，而命之位。

丙辰　正月上日，舜受命于文祖。用璇璣玉衡，以齊七政，類于上帝，禋于六宗，望于山川，徧于羣神。輯五瑞五玉，班于羣后。肇十有二州，封十有二山。四時行巡狩。協時月正日。同律度量衡。修五禮。象以典刑。流共工于幽州，放驩兜于崇山，竄三苗于三危，殛鯀于羽山，四罪正而天下咸服。

① 「不」，四庫本作「弗」。
② 「之」，四庫本無。

丁巳
戊午
己未
庚申
辛酉
壬戌
癸亥
經世之戌二千一百五十九
甲子　虞帝舜九年。
乙丑
丙寅
丁卯
戊辰
己巳
庚午
辛未

壬申

癸酉

甲戌

乙亥

丙子

丁丑

戊寅

己卯

庚辰

辛巳

壬午

癸未　帝堯殂落。①

甲申

乙酉

①「帝堯殂落」，四庫本無。

丙戌　月正元日，舜格于文祖，號有虞氏，都蒲坂。詢四嶽，闢四門，明四目，①達四聰。咨十有二牧，命九官。以伯禹爲司空，稷司農，契司徒，皐陶司士，垂司工，益司虞，夷司禮，夔典樂，龍司言。此九人使宅百揆，三載考績。黜陟幽明，庶績其凝。

丁亥

戊子

己丑

庚寅

辛卯

壬辰

癸巳

經世之亥二千一百六十

甲午　虞帝舜三十九年。

乙未

丙申

① 「目」原作「日」，據四庫本改。

丁酉
戊戌
己亥
庚子
辛丑
壬寅
癸卯
甲辰
乙巳
丙午
丁未
戊申
己酉
庚戌
辛亥
壬子

癸丑
甲寅
乙卯
丙辰　帝舜求代，以功薦禹于天而命之位。
丁巳　正月朔旦，禹受命于神宗。正天下水土，分九州、九山，九川、九澤，會于四海。修其六府，咸則三壤，①成賦中邦。
戊午
己未
庚申
辛酉
壬戌
癸亥

① 「壤」，原作「孃」，據四庫本改。

以運經世之二　觀物篇之二十六

經元之甲一①

經會之午七

經運之甲一百八十一

經世之子二千一百六十一

經世之子二千一百六十一

甲子　夏王禹八年。

乙丑

丙寅

丁卯

戊辰

己巳

庚午

①「一」，四庫本作「乙」。

辛未

壬申

癸酉　帝舜陟方乃死。

甲戌　禹都安邑。徙居陽翟。大會諸侯于塗山，執玉帛者萬國，防風氏後至，戮焉。

乙亥

丙子

丁丑

戊寅

己卯

庚辰

辛巳

壬午

癸未　夏王禹東巡狩，至于會稽崩，元子啓踐位。

甲申　啓與有扈戰于甘之野。

乙酉

丙戌

丁亥

戊子

己丑

庚寅

辛卯

壬辰　夏王啓崩，元子太康踐位。

癸巳

經世之丑二千一百六十二

甲午　夏王太康二年。

乙未

丙申

丁酉

戊戌

己亥

庚子

辛丑

壬寅
癸卯
甲辰
乙巳
丙午
丁未
戊申
己酉
庚戌
辛亥
壬子
癸丑
甲寅
乙卯
丙辰
丁巳

戊午
己未
庚申
辛酉　夏王太康失邦，盤遊無度，畋于有洛之表，十旬不返。有窮后羿因民不忍，距于河而死，子仲康立。
壬戌　命胤侯征羲氏、和氏。
癸亥
經世之寅二千一百六十三
甲子　夏王仲康三年。
乙丑
丙寅
丁卯
戊辰
己巳
庚午
辛未

壬申
癸酉
甲戌 夏王仲康崩，子相繼立，依同姓諸侯斟灌、斟鄩氏。
乙亥
丙子
丁丑
戊寅
己卯
庚辰
辛巳
壬午
癸未
甲申
乙酉
丙戌
丁亥

戊子

己丑

庚寅

辛卯

壬辰

癸巳

經世之卯二千一百六十四

甲午　夏王相二十年。①

乙未

丙申

丁酉

戊戌

己亥

庚子

① 「二十」，原作「二十二」，據四庫本删下「二」字。

辛丑
壬寅　寒浞殺有窮后羿，使子澆及豷伐斟灌、斟鄩氏以滅相。①相之臣靡逃于有鬲氏，相之后還于有仍氏，遂生少康。
癸卯
甲辰
乙巳
丙午
丁未
戊申
己酉
庚戌
辛亥
壬子
癸丑

① 「滅」，原作「濟」，據四庫本改。

甲寅
乙卯
丙辰
丁巳
戊午
己未
庚申
辛酉
壬戌
癸亥

經世之辰二千一百六十五

甲子　夏王少康生二十三年。
乙丑
丙寅
丁卯
戊辰

己巳
庚午
辛未
壬申
癸酉
甲戌
乙亥
丙子
丁丑
戊寅
己卯
庚辰
辛巳
壬午
癸未　夏之遺臣靡自有鬲氏收斟灌、斟鄩二國之燼，以滅寒浞而立少康。少康立，遂滅澆于過，滅豷于戈，以絶有窮氏之族。①

甲申

乙酉

丙戌

丁亥

戊子

己丑

庚寅

辛卯

壬辰

癸巳

經世之巳二千一百六十六

甲午　夏王少康立十三年。

乙未

① 四庫本此條内容在前一年「壬午」項下。

丙申

丁酉

戊戌

己亥

庚子

辛丑

壬寅

癸卯　夏王少康崩，子杼踐位。

甲辰

乙巳

丙午

丁未

戊申

己酉

庚戌

辛亥

壬子

癸丑

甲寅

乙卯

丙辰

丁巳

戊午

己未

庚申　夏王杼崩，子槐踐位。

辛酉

壬戌

癸亥

經世之午二千一百六十七

甲子　夏王槐四年。

乙丑

丙寅

丁卯
戊辰
己巳
庚午
辛未
壬申
癸酉
甲戌
乙亥
丙子
丁丑
戊寅
己卯
庚辰
辛巳
壬午

癸未

甲申

乙酉

丙戌　夏王槐崩，子芒踐位。

丁亥

戊子

己丑

庚寅

辛卯

壬辰

癸巳

經世之未二千一百六十八

甲午　夏王芒八年。

乙未

丙申

丁酉

戊戌
己亥
庚子
辛丑
壬寅
癸卯
甲辰　夏王芒崩，子泄踐位。
乙巳
丙午
丁未
戊申
己酉
庚戌
辛亥
壬子
癸丑

甲寅

乙卯

丙辰

丁巳

戊午

己未

庚申　夏王泄崩，子不降踐位。

辛酉

壬戌

癸亥

經世之申二千一百六十九

甲子　夏王不降四年。

乙丑

丙寅

丁卯

戊辰

己巳
庚午
辛未
壬申
癸酉
甲戌
乙亥
丙子
丁丑
戊寅
己卯
庚辰
辛巳
壬午
癸未
甲申

乙酉
丙戌
丁亥
戊子
己丑
庚寅
辛卯
壬辰
癸巳

經世之酉二千一百七十

甲午　夏王不降三十四年。
乙未
丙申
丁酉
戊戌
己亥

庚子
辛丑
壬寅
癸卯
甲辰
乙巳
丙午
丁未
戊申
己酉
庚戌
辛亥
壬子
癸丑
甲寅
乙卯

丙辰

丁巳

戊午

己未　夏王不降崩，弟扃立。

庚申

辛酉

壬戌

癸亥

經世之戌二千一百七十一

甲子　夏王扃五年。

乙丑

丙寅

丁卯

戊辰

己巳

庚午

辛未
壬申
癸酉
甲戌
乙亥
丙子
丁丑
戊寅
己卯
庚辰 夏王扃崩，子廑踐位。
辛巳
壬午
癸未
甲申
乙酉
丙戌

丁亥
戊子
己丑
庚寅
辛卯
壬辰
癸巳

經世之亥二千一百七十二

甲午　夏王廑十四年。
乙未
丙申
丁酉
戊戌
己亥
庚子
辛丑　夏王廑崩，不降子孔甲立。

壬寅
癸卯
甲辰
乙巳
丙午
丁未
戊申
己酉
庚戌
辛亥
壬子
癸丑
甲寅
乙卯
丙辰
丁巳

戊午
己未
庚申
辛酉
壬戌
癸亥

以運經世之三　觀物篇之二十七

經元之甲一
經會之午七
經運之乙一百八十二
經世之子二千一百七十三
經世之子二千一百七十三
甲子　夏王孔甲二十三年。
乙丑
丙寅

丁卯
戊辰
己巳
庚午
辛未
壬申　夏王孔甲崩，子皋踐位。
癸酉
甲戌
乙亥
丙子
丁丑
戊寅
己卯
庚辰
辛巳
壬午

癸未　夏王皐崩，子發踐位。
甲申
乙酉
丙戌
丁亥
戊子
己丑
庚寅
辛卯
壬辰
癸巳
經世之丑二千一百七十四
甲午　夏王發十一年。
乙未
丙申
丁酉
戊戌

己亥
庚子
辛丑
壬寅　夏王發崩，子癸踐位，是謂之桀。
癸卯
甲辰
乙巳
丙午
丁未
戊申
己酉
庚戌
辛亥
壬子
癸丑
甲寅

乙卯
丙辰
丁巳
戊午
己未
庚申
辛酉
壬戌
癸亥

經世之寅二千一百七十五

甲子　夏王癸二十二年。
乙丑
丙寅
丁卯
戊辰
己巳

庚午

辛未

壬申

癸酉

甲戌

乙亥　始嬖妺喜。

丙子

丁丑　成湯即諸侯位，自商丘徙治亳，①始用伊尹。

戊寅　成湯征葛。

己卯　成湯薦伊尹于夏王。

庚辰

辛巳

壬午　湯伊尹醜夏，②復歸于亳。

---

① 「治」，四庫本作「至」。

② 「湯伊尹醜夏」，四庫本作「伊尹醜」。

癸未

甲申　桀囚成湯于夏臺。

乙酉

丙戌

丁亥

戊子

己丑

庚寅

辛卯

壬辰

癸巳

經世之卯二千一百七十六

甲午①

乙未　伊尹相成湯，伐桀。升自陑。遂與桀戰于鳴條之野。桀敗，走三朡。遂伐三朡，俘厥寶

① 四庫本此年有「夏王癸五十二年」七字。

玉，放桀于南巢。還至大坰，①仲虺作《誥》。歸至亳，乃大誥萬方。南面，朝諸侯，建國曰商。以丑月爲歲始，曰祀，與民更始。

丙申

丁酉

戊戌

己亥

庚子

辛丑

壬寅

癸卯

甲辰

乙巳

丙午

丁未　商王成湯崩，元子太甲踐位。不明，伊尹放之桐宮。

① 「大坰」，原作「大垌」，據四庫本改。

戊申

己酉

庚戌 商王太甲思庸，伊尹乃冕服，奉嗣王于亳，返政。

辛亥

壬子

癸丑

甲寅

乙卯

丙辰

丁巳

戊午

己未

庚申

辛酉

壬戌

癸亥

經世之辰二千一百七十七

甲子 商王太甲十七年。

乙丑

丙寅

丁卯

戊辰

己巳

庚午

辛未

壬申

癸酉

甲戌

乙亥

丙子

丁丑

戊寅

己卯
庚辰 商王太甲崩，子沃丁踐位。
辛巳
壬午
癸未
甲申
乙酉
丙戌
丁亥
戊子
己丑
庚寅
辛卯
壬辰
癸巳

經世之巳二千一百七十八

甲午　商王沃丁十四年。
乙未
丙申
丁酉
戊戌
己亥
庚子
辛丑
壬寅
癸卯
甲辰
乙巳
丙午
丁未
戊申
己酉　商王沃丁崩，弟太庚立。

庚戌
辛亥
壬子
癸丑
甲寅
乙卯
丙辰
丁巳
戊午
己未
庚申
辛酉
壬戌
癸亥

經世之午二千一百七十九

甲子　商王太庚十五年。

乙丑

丙寅

丁卯

戊辰

己巳

庚午

辛未

壬申

癸酉

甲戌　商王太庚崩，子小甲踐位。

乙亥

丙子

丁丑

戊寅

己卯

庚辰

辛巳
壬午
癸未
甲申
乙酉
丙戌
丁亥
戊子
己丑
庚寅
辛卯　商王小甲崩，弟雍己立。
壬辰
癸巳
經世之未二千一百八十
甲午　商王雍己三年。
乙未

丙申

丁酉

戊戌

己亥

庚子

辛丑

壬寅

癸卯　商王雍己崩，弟太戊立，是謂中宗。伊陟、臣扈，格于上帝。巫咸乂王家，①大修成湯之政。

甲辰

乙巳

丙午

丁未

戊申

①「乂」，原作「又」，據四庫本改。

己酉
庚戌
辛亥
壬子
癸丑
甲寅
乙卯
丙辰
丁巳
戊午
己未
庚申
辛酉
壬戌
癸亥

經世之申二千一百八十一①

甲子　商王太戊二十一年。

乙丑

丙寅

丁卯

戊辰

己巳

庚午

辛未

壬申

癸酉

甲戌

乙亥

丙子

①「八十一」，「一」原脱，據四庫本補。

丁丑
戊寅
己卯
庚辰
辛巳
壬午
癸未
甲申
乙酉
丙戌
丁亥
戊子
己丑
庚寅
辛卯
壬辰

癸巳

經世之酉二千一百八十二

甲午　商王太戊五十一年。

乙未

丙申

丁酉

戊戌

己亥

庚子

辛丑

壬寅

癸卯

甲辰

乙巳

丙午

丁未

戊申

己酉

庚戌

辛亥

壬子

癸丑

甲寅

乙卯

丙辰

丁巳

戊午 商王中宗崩，子仲丁踐位。遷于囂。

己未

庚申

辛酉

壬戌

癸亥

經世之戌二千一百八十三

甲子　商王仲丁六年。

乙丑

丙寅

丁卯

戊辰

己巳

庚午

辛未　商王仲丁崩，國亂，弟外壬立。

壬申

癸酉

甲戌

乙亥

丙子

丁丑

戊寅

己卯

庚辰

辛巳

壬午

癸未

甲申

乙酉

丙戌 商王外壬崩，國復亂，弟河亶甲立。①徙居相。

丁亥

戊子

己丑

庚寅

辛卯

壬辰

① 「立」，原作「之」，據四庫本改。

癸巳

經世之亥二千一百八十四

甲午　商王河亶甲八年。

乙未　商王河亶甲崩，子祖乙踐位，圯于耿。徙居邢，巫賢爲相。

丙申

丁酉

戊戌

己亥

庚子

辛丑

壬寅

癸卯

甲辰

乙巳

丙午

丁未

戊申

己酉

庚戌

辛亥

壬子

癸丑

甲寅　商王祖乙崩，子祖辛踐位。①

乙卯

丙辰

丁巳

戊午

己未

庚申

辛酉

① 四庫本此年無事件。

壬戌
癸亥

以運經世之四　觀物篇之二十八

經元之甲一
經會之午七
經運之丙一百八十三
經世之子二千一百八十五
經世之子二千一百八十五
甲子　商王祖辛十年。
乙丑
丙寅
丁卯
戊辰
己巳

庚午　商王祖辛崩，弟沃甲立。①

辛未

壬申

癸酉

甲戌

乙亥

丙子

丁丑

戊寅

己卯

庚辰

辛巳

壬午

癸未

①「甲」，原作「丁」，據四庫本改。

甲申

乙酉

丙戌

丁亥

戊子

己丑

庚寅

辛卯

壬辰

癸巳

經世之丑二千一百八十六

甲午　商王沃甲二十四年。①

乙未　商王沃甲崩，國亂，兄祖丁立。②

---

① 四庫本此年無内容。

② 四庫本此年無内容。

丙申
丁酉
戊戌
己亥
庚子
辛丑
壬寅
癸卯
甲辰
乙巳
丙午
丁未
戊申
己酉
庚戌
辛亥

壬子
癸丑
甲寅
乙卯
丙辰
丁巳
戊午
己未
庚申
辛酉
壬戌
癸亥
經世之寅二千一百八十七
甲子　商王祖丁二十九年。
乙丑
丙寅

丁卯 商王祖丁崩，國亂，沃甲之子南庚立。
戊辰
己巳
庚午
辛未
壬申
癸酉
甲戌
乙亥
丙子
丁丑
戊寅
己卯
庚辰
辛巳
壬午

癸未
甲申
乙酉
丙戌
丁亥
戊子
己丑
庚寅
辛卯
壬辰　商王南庚崩，國亂，祖丁之子陽甲立。諸侯不朝。①
癸巳
經世之卯二千一百八十八
甲午　商王陽甲二年。
乙未

① 四庫本此年内容在後一年「癸巳」項下。又，四庫本無「國」字。

丙申

丁酉

戊戌

己亥　商王陽甲崩，弟盤庚立。復歸于亳，改號曰殷。

庚子

辛丑

壬寅

癸卯

甲辰

乙巳

丙午

丁未

戊申

己酉

庚戌

辛亥

壬子
癸丑
甲寅
乙卯
丙辰
丁巳
戊午
己未
庚申
辛酉
壬戌
癸亥
經世之辰二千一百八十九
甲子　商王盤庚二十五年。
乙丑
丙寅

丁卯　商王盤庚崩，弟小辛立。
戊辰
己巳
庚午
辛未
壬申
癸酉
甲戌
乙亥
丙子
丁丑
戊寅
己卯
庚辰
辛巳
壬午

癸未

甲申

乙酉

丙戌

丁亥

戊子　商王小辛崩，弟小乙立。

己丑

庚寅

辛卯

壬辰

癸巳

經世之巳二千一百九十

甲午　商王小乙六年。

乙未

丙申

丁酉

戊戌
己亥
庚子
辛丑
壬寅
癸卯
甲辰
乙巳
丙午
丁未
戊申
己酉
庚戌
辛亥
壬子
癸丑

甲寅
乙卯
丙辰　商王小乙崩，子武丁踐位，是謂高宗。甘盤爲相。以夢求傅説，得之。①
丁巳
戊午
己未
庚申
辛酉
壬戌
癸亥
經世之午二千一百九十一
甲子　商王武丁八年。
乙丑
丙寅

① 「之」後，四庫本有「于傅巖」三字。

丁卯
戊辰
己巳
庚午
辛未
壬申
癸酉
甲戌
乙亥
丙子
丁丑
戊寅
己卯
庚辰
辛巳
壬午

癸未

甲申

乙酉

丙戌

丁亥

戊子

己丑

庚寅

辛卯

壬辰

癸巳

經世之未二千一百九十二

甲午商王武丁三十八年。①

乙未

① 「商王」，原作「商三」，據四庫本改。

丙申
丁酉
戊戌
己亥
庚子
辛丑
壬寅
癸卯
甲辰
乙巳
丙午
丁未
戊申
己酉
庚戌
辛亥

壬子
癸丑
甲寅
乙卯　商王高宗崩，弟祖庚立。
丙辰
丁巳
戊午
己未
庚申
辛酉
壬戌　商王祖庚崩，弟祖甲立。
癸亥
經世之申二千一百九十三
甲子　商王祖甲二年。
乙丑
丙寅

丁卯
戊辰
己巳
庚午
辛未
壬申
癸酉
甲戌
乙亥
丙子
丁丑
戊寅
己卯
庚辰
辛巳
壬午

癸未
甲申
乙酉
丙戌
丁亥
戊子
己丑
庚寅
辛卯
壬辰
癸巳　周文王生。

經世之酉二千一百九十四

甲午　商王祖甲三十二年。
乙未　商王祖甲崩，子廩辛踐位。
丙申
丁酉

戊戌
己亥
庚子
辛丑 商王廩辛崩，弟庚丁立。
壬寅
癸卯
甲辰
乙巳
丙午
丁未
戊申
己酉
庚戌
辛亥
壬子
癸丑

甲寅
乙卯
丙辰
丁巳
戊午
己未
庚申
辛酉
壬戌　商王庚丁崩，子武乙踐位，徙居河北。
癸亥

經世之戌二千一百九十五

甲子　商王武乙二年。
乙丑
丙寅　商王武乙震死，太丁立。①

①「太」前，四庫本有「子」字。

丁卯

戊辰

己巳 商王太丁崩，子帝乙踐位。

庚午

辛未

壬申

癸酉

甲戌

乙亥

丙子

丁丑

戊寅

己卯 周文王始即諸侯位。

庚辰

辛巳

壬午

癸未
甲申
乙酉
丙戌
丁亥
戊子
己丑
庚寅
辛卯
壬辰
癸巳
經世之亥二千一百九十六
甲午　商王帝乙二十五年。
乙未
丙申
丁酉

戊戌

己亥

庚子

辛丑

壬寅

癸卯

甲辰

乙巳

丙午 商王帝乙崩，次子受辛立，是謂之紂。

丁未

戊申

己酉

庚戌

辛亥

壬子

癸丑

甲寅 始嬖妲己。
乙卯
丙辰
丁巳
戊午
己未
庚申
辛酉 商囚文王于羑里。
壬戌
癸亥 商紂乃放文王。歸于國，①錫命爲西方諸侯。②

以運經世之五 觀物篇之二十九

經元之甲一

① 「商」後，四庫本有「王」字。四庫本無「乃」字。
② 「侯」後，四庫本有「伯」字。

經會之午七

經運之丁一百八十四

經世之子二千一百九十七

經世之子二千一百九十七

甲子　商王受辛十八年。西伯伐崇。自岐徙居豐。

乙丑　周西伯伐密須。

丙寅　周西伯戡黎。

丁卯　周西伯伐邗。①

戊辰

己巳　周文王没，元子發踐位，是謂武王。葬文王于畢。

庚午

辛未

壬申

癸酉

① 「邗」，原作「邢」，據四庫本改。

甲戌
乙亥
丙子
丁丑　周武王東觀兵于盟津。
戊寅　商王受殺太師比干，①囚箕子。微子以祭器奔周。
己卯　吕尚相。武王伐商。師逾盟津，大陳兵于商郊，敗之于牧野，殺受，②立其子武庚爲後。還歸，③在豐踐天子位。南面，朝諸侯。大誥天下。以子月爲歲始，曰年，與民更始。
庚辰　命管叔、蔡叔、霍叔守邶、鄘、衛之三邑，謂之三監。
辛巳
壬午
癸未
甲申
乙酉　周武王崩，元子誦踐位，是謂成王。周公爲太師，召公爲太保。二公分治陝、洛，受顧命，

---

①「受」，四庫本作「紂」。
②「受」，四庫本作「紂」。
③「歸」，四庫本作「師」。

率天下諸侯夾輔王室。葬武王于畢。

丙戌　三監及淮夷叛。周公東征，大誥天下。

丁亥

戊子　三監平。始黜商命，①殺武庚，命微子啓于宋，以祀商後。②封康叔于衛，以保商民。命箕子于高麗。辟管叔于商，囚蔡叔于郭鄰，降霍叔爲庶人，不齒。東征淮夷，魯侯伯禽誓師于費，淮夷平，遂踐奄。肅慎來賀。

己丑

庚寅　往營成周。命召公相宅。

辛卯

壬辰　成周既成，周公分政成周東郊，③以王命誥《多士》。

癸巳

經世之丑二千一百九十八

甲午　周成王九年。

①「始」，四庫本作「治」。
②「以祀商後」，四庫本作「代商侯」。
③「政」，四庫本作「正」。

乙未

丙申　周公没，命君陳分政成周東郊。①葬周公于畢。

丁酉

戊戌

己亥

庚子

辛丑

壬寅

癸卯

甲辰

乙巳

丙午

丁未

戊申

①「政」，四庫本作「正」。

己酉

庚戌

辛亥

壬子

癸丑

甲寅

乙卯

丙辰

丁巳

戊午

己未

庚申

辛酉

壬戌　周成王崩，召公、畢公受顧命，輔元子釗踐位，是謂康王。

癸亥　周康王元年，命畢公代君陳分政成周東郊。①

經世之寅二千一百九十九

甲子　周康王二年。

乙丑

丙寅

丁卯

戊辰

己巳

庚午

辛未

壬申

癸酉

甲戌

乙亥

①「政」，四庫本作「正」。

丙子
丁丑
戊寅
己卯
庚辰
辛巳
壬午
癸未
甲申
乙酉
丙戌
丁亥
戊子　周康王崩，子瑕踐位，是謂昭王。
己丑
庚寅
辛卯

壬辰
癸巳
經世之卯二千二百
甲午 周昭王六年。
乙未
丙申
丁酉
戊戌
己亥
庚子
辛丑
壬寅
癸卯
甲辰
乙巳
丙午

丁未
戊申
己酉
庚戌
辛亥
壬子
癸丑
甲寅
乙卯
丙辰
丁巳
戊午
己未
庚申
辛酉
壬戌

癸亥
經世之辰二千二百一
甲子 周昭王三十六年。①
乙丑
丙寅
丁卯
戊辰
己巳
庚午
辛未
壬申
癸酉
甲戌
乙亥

① 四庫本此年無内容。

丙子

丁丑

戊寅

己卯　周昭王南巡，不返。子滿立，是謂穆王。

庚辰

辛巳

壬午

癸未

甲申

乙酉

丙戌

丁亥

戊子

己丑

庚寅

辛卯

壬辰
癸巳
經世之巳二千二百二
甲午　周穆王十五年。
乙未
丙申
丁酉
戊戌
己亥
庚子
辛丑
壬寅
癸卯
甲辰
乙巳
丙午

丁未
戊申
己酉
庚戌
辛亥
壬子
癸丑
甲寅
乙卯
丙辰
丁巳
戊午
己未
庚申
辛酉
壬戌

癸亥　經世之午二千二百三

甲子　周穆王四十五年。

乙丑

丙寅

丁卯

戊辰

己巳

庚午

辛未

壬申

癸酉

甲戌　周穆王崩，子緊扈踐位，是謂共王。

乙亥

丙子

丁丑

戊寅

己卯

庚辰

辛巳

壬午

癸未

甲申

乙酉

丙戌　周共王崩，子囏踐位，是謂懿王。

丁亥

戊子

己丑

庚寅

辛卯

壬辰

癸巳

經世之未二千二百四

甲午　周懿王八年。①

乙未

丙申

丁酉

戊戌

己亥

庚子

辛丑

壬寅

癸卯

甲辰

乙巳

丙午

① 四庫本無「周懿王八年」五字。

丁未

戊申

己酉

庚戌

辛亥 周懿王崩，穆王子辟方立，是謂孝王。

壬子

癸丑

甲寅

乙卯

丙辰

丁巳

戊午

己未

庚申

辛酉

壬戌

癸亥

經世之申二千二百五

甲子　周孝王十三年。

乙丑

丙寅　周孝王崩，懿王子燮立，①是謂夷王。國自此衰矣。

丁卯

戊辰

己巳

庚午

辛未

壬申

癸酉

甲戌

乙亥

---

① 「燮」，原作「爕」，據四庫本改。

丙子

丁丑

戊寅

己卯

庚辰

辛巳

壬午　周夷王崩，子胡踐位，①是謂厲王。

癸未

甲申

乙酉

丙戌

丁亥

戊子

己丑

① 「胡」，原作「起」，據四庫本改。

庚寅
辛卯
壬辰
癸巳
經世之酉二千二百六
甲午　周厲王十二年。
乙未
丙申
丁酉
戊戌
己亥
庚子
辛丑
壬寅
癸卯
甲辰

乙巳
丙午
丁未
戊申
己酉
庚戌
辛亥
壬子
癸丑 周厲王好利，①以榮公爲卿。
甲寅
乙卯
丙辰 殺諫臣以爲謗己者。
丁巳
戊午

① 四庫本無「周」字。

己未　周厲王爲國人所逐，出奔彘。周、召二伯行政，謂之共和。太子靜匿于召公家。文、武之德自此盡矣。
庚申
辛酉
壬戌
癸亥
經世之戌二千二百七
甲子　周厲王四十二年，在彘。
乙丑
丙寅
丁卯
戊辰
己巳
庚午
辛未
壬申

癸酉 周厲王死于彘。周、召二伯立太子静，是謂宣王。有仲山甫、尹吉甫、方叔、申伯爲輔，大修文、武之功。

甲戌 周宣王北伐獫狁，①至于太原，吉甫爲將。

乙亥 周宣王南征荆蠻，方叔爲將。

丙子

丁丑

戊寅

己卯

庚辰

辛巳

壬午

癸未

甲申

乙酉

① 四庫本無「周」字。後條同。

丙戌
丁亥
戊子
己丑
庚寅
辛卯
壬辰
癸巳
經世之亥二千二百八
甲午　周宣王二十一年。
乙未　宣王封弟友于鄭。①
丙申
丁酉
戊戌

① 四庫本此年無内容。

己亥

庚子

辛丑

壬寅

癸卯

甲辰

乙巳　伐魯，立孝公。

丙午

丁未

戊申

己酉

庚戌

辛亥

壬子　伐姜戎，①師敗于千畝，遂失南國。

①「姜」，原作「羌」，據四庫本改。

癸丑　料民于太原。
甲寅
乙卯
丙辰
丁巳
戊午
己未　周宣王崩，太子宫涅踐位，是謂幽王。
庚申
辛酉
壬戌　始嬖褒姒。
癸亥

以運經世之六　觀物篇之三十

經元之甲一
經會之午七
經運之戊一百八十五

經世之子二千二百九

經世之子二千二百九

甲子[前777年]周幽王五年。廢申后及太子宜臼，以褒姒爲后，伯服爲太子，虢石父爲卿。

乙丑

丙寅

丁卯

戊辰

己巳

庚午[前771年]申侯以犬戎伐周，敗幽王于驪山，殺之。晉、秦率鄭、衛之君逐犬戎，立太子宜臼，是謂平王。東徙居洛邑，是謂東周。

辛未[前770年]周平王錫晉文侯、秦襄公，命秦分岐西，晉分河内。

壬申[前769年]秦立西畤，祠白帝。魯惠公即位。

癸酉

甲戌

乙亥[前766年]秦文公即位。

丙子

丁丑

戊寅

己卯［前762年］秦東徙居汧渭之間。

庚辰

辛巳

壬午

癸未［前758年］衛莊公即位。

甲申

乙酉［前756年］秦作鄜畤。

丙戌

丁亥

戊子

己丑

庚寅

辛卯

壬辰

癸巳

經世之丑二千二百一十

甲午［前747年］周平王二十四年。

乙未［前746年］晉昭侯即位。

丙申［前745年］晉昭侯封弟成師于曲沃。

丁酉［前744年］鄭莊公即位。

戊戌［前743年］鄭莊公封弟段于京城。①

己亥

庚子［前741年］衛公子州吁阻兵。

辛丑［前740年］楚亂，熊通弒其君，代立。

壬寅［前739年］晉亂，大夫潘父弒其君昭侯而納桓叔，②不克。國人殺潘父而立君之弟平，是謂孝侯。

癸卯

① 「段」，原作「叚」，據四庫本改。

② 「而納」，四庫本作「入曲沃」。

甲辰
乙巳
丙午
丁未
戊申［前733年］衛州吁出奔。
己酉
庚戌［前731年］晉曲沃桓叔卒，子莊伯繼。齊莊公卒，子釐公立。
辛亥
壬子［前729年］宋桓公疾，讓其弟穆公。
癸丑
甲寅
乙卯
丙辰
丁巳［前724年］晉曲沃莊伯入翼，弑其君孝侯。國人逐莊伯，立孝侯子，是謂鄂侯。
戊午
己未［前722年］魯隱公立。

庚申

辛酉[前720年]周平王崩，其孫林立，是謂桓王，與鄭交惡。宋穆公病，讓其兄之子殤公。世子馮奔鄭。

壬戌[前719年]衛公子州吁作難，弒其君桓公，代立。宋會陳、蔡、衛三國之師伐鄭。殺州吁于濮。國人迎公之弟晉于邢而立之，是謂宣公。

癸亥[前718年]晉曲沃莊伯以鄭、邢之師攻翼，王使尹①、武氏爲之助，翼侯出奔隨。莊伯叛王，王使虢伐莊伯，復奔曲沃。晉人及虢侯立翼侯子光，是謂哀侯。鄭伐宋。

經世之寅二千二百一十一

甲子[前717年]周桓王三年。晉翼侯自隨入于鄂，是謂鄂侯。

乙丑[前716年]晉曲沃莊伯卒，子稱繼，是謂武公。

丙寅[前715年]宋、齊、衛之君盟于瓦屋。

丁卯[前714年]秦自汧渭之間徙居鄘。②

戊辰[前713年]齊會魯、鄭之師伐宋。

---

① 「尹」後，四庫本有「氏」字。

② 「鄘」，原作「雍」，據四庫本改。

己巳〔前712年〕魯亂，羽父子翬弑其君隱公，①立惠公之子，是謂桓公。羽父爲之太宰。②

庚午

辛未〔前710年〕宋亂，太宰華督殺司馬孔父及弑其君殤公，迎穆公子馮于鄭立，③是謂莊公。

壬申〔前709年〕晉曲沃武公敗晉師于汾旁，獲哀侯，晉人立其子，是謂小子侯。

癸酉〔前708年〕晉曲沃武公弑其君哀侯于曲沃。

甲戌〔前707年〕周桓王以蔡、衛、陳之師伐鄭，不利，矢中王肩。

乙亥〔前706年〕蔡人殺陳佗。戎伐齊，④鄭使公子忽救之，有功。⑤楚伐隨，俾請王之號于周。

丙子〔前705年〕晉曲沃武公入翼，殺小子侯。王使虢仲伐稱，復歸曲沃。⑥虢仲立哀侯弟湣。⑦

丁丑〔前704年〕秦亂，寧公卒，三父廢世子而庚立它子。⑧是年，楚熊通伐隨，東開地至濮上，遂稱王，是謂武王。

---

① 「羽父」，四庫本作「公」。
② 「羽父爲之太宰」，四庫本作「翬爲之輔」。
③ 「鄭」後，四庫本有「而」字。「立」後，四庫本有「之」字。
④ 「戎」前，四庫本有「北」字。
⑤ 四庫本無「有功」二字。
⑥ 「復」前，四庫本有「稱」字。
⑦ 「湣」，四庫本作「緡」。
⑧ 「它」，四庫本作「出」。

戊寅

己卯

庚辰[前701年]鄭莊公卒，世子忽繼。宋執鄭祭仲，立突，是謂厲公，忽奔衛，祭仲專政。衛宣公殺其二子伋、壽。

辛巳[前700年]衛宣公卒，子朔立，是謂惠公。

壬午[前699年]齊會宋、衛、燕伐魯，不利。

癸未[前698年]秦三父殺它子而立世子，①是謂武公。齊釐公卒，世子諸兒繼，是謂襄公。宋會齊、蔡、衛、陳伐鄭。②

甲申[前697年]周桓王崩，太子佗嗣位，③是謂莊王。鄭祭仲殺雍糾而逐厲公，④迎忽反政，是謂昭公。秦伐彭戲氏至于華山。⑤齊襄公削公子無知禄。宋會魯、衛、陳伐鄭。

乙酉[前696年]衛公子伋、壽傅逐惠公，立伋之弟黔牟，惠公出奔齊。⑥宋會魯、衛、陳、蔡

---

①「它」，四庫本作「出」。

②四庫本無「衛」字。

③「位」，四庫本作「立」。

④「糾」，四庫本作「糾」。

⑤四庫本無「至」字。

⑥四庫本無「惠」字。

伐鄭。

丙戌[前695年]秦夷三父族。鄭高渠彌弒其君昭公，立其弟子亹，渠彌專政。①

丁亥[前694年]周有黑肩之難。齊襄公殺魯桓公于濼，立其子同，是謂莊公。又會諸侯于首止，殺鄭子亹。高渠彌逃歸，與祭仲迎公子嬰于陳，立之。

戊子[前693年]周王姬下降于齊。

己丑[前692年]周葬桓王。

庚寅

辛卯[前690年]周伐隨，責尊楚也。齊伐紀，紀侯大去其國。楚武王帥師伐隨，②子繼，③是謂文王，始都郢。

壬辰[前689年]齊會宋、魯、陳、蔡伐衛，入惠公。

癸巳[前688年]衛惠公復入，殺二公子洩。④黔牟奔周。

經世之卯二千二百一十二

---

① 四庫本無「渠」字。
② 「楚武王帥師伐隨」，四庫本作「楚王卒于伐隨」。
③ 「子」後，四庫本有「貲」字。
④ 「洩」，四庫本作「傅」。

甲午［前687年］周莊王十年。秦滅小虢。

乙未［前686年］齊公子無知以葵丘之戎卒入弑襄公，①代立。公子糾奔魯，小白奔莒。

丙申［前685年］齊人殺無知，公子小白入，是謂桓公。糾後入，不克。齊伐魯，殺糾，其傅召忽死之，管仲請囚，又相桓公。

丁酉［前684年］魯敗齊師于長勺，敗宋師于乘丘。楚敗蔡師于莘，以蔡侯獻舞歸。②自是江漢之國皆服于楚。

戊戌

己亥［前682年］周莊王崩，太子胡齊嗣位，是謂釐王。宋亂，南宫萬殺其君閔公及其大夫仇牧、太宰華督，③立公子游。羣公子奔蕭。復以蕭攻萬，及殺游，④立公弟御説，是謂桓公。

庚子［前681年］齊會宋、陳、蔡、邾之師伐魯，三敗之，取遂。又會魯于柯，遂復其侵地，曹沫劫盟故也。

辛丑［前680年］齊會陳、曹及王人伐宋。楚師入蔡。

① 「戎卒」，四庫本作「戍人」。

② 「以蔡侯」，原作「齊侯」，據四庫本改。

③ 「殺」，四庫本作「弑」。「閔」，四庫本作「湣」。「仇牧」，原作「地牧」，據四庫本改。

④ 「攻萬」，原脱，據四庫本補。

壬寅[前679年]齊桓公會宋、陳、衛、鄭之君盟于鄄。晉曲沃武公滅翼，以重寶入周，得請爲諸侯。

癸卯[前678年]齊桓公會宋、陳、魯、衛、鄭、許、滑、滕之君盟于幽。①秦武公卒，弟德公立。楚滅鄧。

甲辰[前677年]周釐王崩，太子閬踐位，②是謂惠王。晉武公卒，子獻公詭諸繼。秦徙居雍。楚文王卒，世子囏繼，是謂杜敖。

乙巳[前676年]秦德公卒，子宣公繼。③

丙午

丁未[前674年]周有五大夫之難，④邊伯、石速、蔿國以蔡、衛之師攻王，立弟頹。王出，居鄭之櫟。

戊申[前673年]鄭厲公及虢叔入王于成周，殺頹而執仲父及五大夫，難遂平。

---

① 「宋陳」，四庫本作「陳宋」。

② 「閬踐位」，四庫本作「閔嗣位」。

③ 「宣公」，原作「宣王」，據四庫本改。

④ 「五大夫」，原作「三大夫」，據四庫本改。下條「五大夫」同。

己酉［前672年］秦作密畤，敗晉師于河曲。晉伐驪，獲驪女以爲姬。①陳公子完奔齊。楚亂，弟惲弑其君囏，②代立，③是謂成王。

庚戌［前671年］楚修好于周及諸侯。

辛亥［前670年］衛惠公卒，子懿公繼。

壬子［前669年］晉有驪姬之難，殺群公子，自翼徙居絳。

癸丑［前668年］晉伐虢，④責納群公子也。

甲寅［前667年］周惠王錫齊桓公，命爲伯。

乙卯［前666年］晉城曲沃及蒲。⑤楚伐鄭。

丙辰

丁巳［前664年］齊伐山戎，至于孤竹，以救燕，俾修貢天子。秦宣公卒，弟成公立。楚殺令尹子元，以鬭穀於菟爲令尹。

---

① 四庫本無「驪」字。
② 「弑」，四庫本作「殺」。
③ 「代立」，原作「伐立」，據四庫本改。
④ 「晉伐虢」，原作「晉代虢」，據四庫本改。
⑤ 「城」，原作「滅」，據四庫本改。

戊午

己未［前662年］魯亂，叔牙弑其君莊公。子開立，①是謂湣公。季友立世子班，不克，奔陳。

庚申［前661年］晉滅霍、魏、耿，以耿封趙夙，以魏封畢萬。

辛酉［前660年］魯亂，慶父以莊姜弑湣公，代立。季友逐慶父而立公子申，是謂釐公。②狄滅衛，殺懿公。齊桓公攘戎狄而立戴公，東徙渡河，③野處曹邑。④戴公卒，弟燬立，是謂文公。自曹邑徙居楚丘。⑤晉伐東山皋落氏。秦成公卒，弟任好立，⑥是謂穆公。

壬戌［前659年］秦伐茅津。⑦齊會宋、鄭、魯、曹、邾之君于檉。

癸亥［前658年］齊城楚丘以居衛，又會江、黄之君于貫。晉滅虢。

經世之辰二千二百一十三

甲子［前657年］周惠王二十年。齊會宋、江、黄之君于陽穀。⑧

---

① 四庫本無「子」字。
② 「釐」，四庫本作「僖」。
③ 「徙」，四庫本作「處」。
④ 「曹」，四庫本作「漕」。
⑤ 「曹」，四庫本作「漕」。
⑥ 「任好」，原作「伍好」，據四庫本改。
⑦ 「茅津」，原作「芽津」，據四庫本改。
⑧ 四庫本無「宋」字。「陽穀」，「陽」字原脱，據四庫本補。

乙丑［前656年］齊會宋、陳、魯、衛、鄭、許、曹之師伐蔡，①遂入楚，盟于召陵，執陳轅濤塗。②晉殺世子申生，公子重耳走蒲，夷吾奔屈。蔡娶晉女爲夫人。③

丙寅［前655年］齊桓公會宋、陳、魯、衛、鄭、許、曹之君及王世子盟于［首止］。④晉伐蒲，重耳奔翟。又伐虞及虢，虢君奔周。是年秦始得志于諸侯，⑤百里奚、蹇叔爲之輔。楚滅弦。

丁卯［前654年］齊伐鄭。晉伐屈。夷吾奔梁。

戊辰

己巳［前652年］周惠王崩，太子鄭踐位，⑥是謂襄王。太叔作難。齊帥宋、衛、許、曹、陳會王人于洮。⑦晉伐翟，不利于齧桑。

庚午［前651年］齊桓公會宰孔周公及宋、衛、鄭、許、曹之君于葵丘。宋襄公立。晉獻公卒，公子奚齊立，大夫里克及丕鄭殺之，⑧大夫荀息立其弟卓子。

---

① 四庫本無「陳」字。
② 「轅濤塗」，「塗」原作「涂」，據四庫本改。
③ 「蔡」，四庫本作「秦」。
④ 「宋陳」，四庫本作「陳宋」。底本「于」下有闕文，四庫本作「首止」，據補。
⑤ 「年秦」二字，原脱，據四庫本補。
⑥ 「踐」，四庫本作「嗣」。
⑦ 「帥」，四庫本作「師」。「王人」，原作「正人」，據四庫本改。
⑧ 底本「及」後有闕文，四庫本闕文處作「丕鄭」，據補。「丕鄭」二字原脱，據四庫本補。

辛未［前650年］晉里克殺其君卓子及大夫荀息而納夷吾，夷吾入，是謂惠公。惠公既立，殺里克而絶秦。

壬申［前649年］周亂，叔帶以戎伐周，①秦、晉來救。

癸酉［前648年］②

甲戌［前647年］齊桓公會宋、陳、魯、衛、鄭、許、曹之君，盟于鹹。晉饑，秦輸之粟。

乙亥［前646年］秦饑，晉閉之糴，而又伐之。楚滅英。

丙子［前645年］齊桓公會宋、陳、魯、衛、鄭、許、曹之君，盟于牡丘以救徐。管仲卒，易牙專政。秦伐晉，敗之于韓原，獲其君夷吾。夷吾獻河西地，乃得還，仍以世子圉爲質。

丁丑［前644年］戎攻周，③齊會諸侯師戍周。又會宋、魯、衛、陳、鄭、許、邢、曹之君于淮，④以全鄫。

戊寅［前643年］齊桓公卒，五公子争國，公子無詭立，易牙專政。世子昭出奔宋。

---

① 「戎」，四庫本作「戍」。
② 此年底本無内容，四庫本作「齊使管仲平周難。楚滅黄」。
③ 「戎」，四庫本作「戍」。
④ 四庫本無「衛」字。

己卯［前642年］宋會曹、衛、邾伐齊，殺無詭，①敗四公子，立世子昭，是謂孝侯。狄伐衛。

庚辰［前641年］秦滅梁。

辛巳

壬午［前639年］宋襄公會楚、陳、蔡、鄭、許、曹六國之君于盂，②爲楚所執。楚成王執襄公于會以伐宋，盟而釋之。③

癸未［前638年］齊入王叔帶于周。秦、晉徙陸渾之戎于伊川。宋會衛、許、滕伐鄭，不利。晉公子圉自秦逃歸。楚救鄭，大敗宋師于泓。

甲申［前637年］周頹叔、桃子以狄師伐鄭，遂以狄女隗氏爲后。宋襄公卒，子成公壬臣繼。齊伐宋。楚伐陳。

乙酉［前636年］周襄王廢狄后，頹叔、桃子以狄師攻周，王出居鄭之氾，叔帶代立，與狄后居于温。晉有郤芮之難，惠公卒，世子圉繼，是謂懷公。秦穆公使人殺之，而入公子重耳，是謂文公，趙衰爲原大夫，專政。

丙戌［前635年］秦、晉之師滅王叔帶于温，而納王于成周。王享晉文公于郟，而命益之河内

---

①「殺無詭」，四庫本作「無詭子」。
②「盂」，原作「盉」，據四庫本改。
③「襄」前，四庫本有「宋」字。「釋」，原作「梓」，據四庫本改。

地。衛文公卒，世子成公鄭繼。楚圍陳，以入頓子。

丁亥[前634年]宋背楚親晉。楚滅夔，伐宋，又伐齊。①

戊子[前633年]齊孝公卒，弟潘父殺世子，代立，是謂昭公。晉救宋，作三軍，楚使子玉伐宋。②

己丑[前632年]周襄王狩于河陽。晉會齊、宋、蔡、秦之師伐衛，大敗楚師于城濮，遂會齊、宋、蔡、鄭、魯、衛之君，盟于踐土。楚救鄭，不利，殺令尹子玉得臣。

庚寅[前631年]晉會王人及諸侯于翟泉。

辛卯[前630年]衛成公自陳如周，周請晉納成公于衛而誅大夫元咺及公子瑕。秦、晉圍鄭。

壬辰[前629年]魯取濟西田。衛徙居帝丘。

癸巳[前628年]晉文公卒，世子歡繼，是謂襄公。

經世之巳二千二百一十四

甲午[前627年]周襄王二十五年。③秦穆公伐鄭，晉敗秦師于殽，獲其帥孟明視、西乞術、白乙丙。魯僖公卒，世子興繼，是謂文公。

---

① 「又」，原作「父」，據四庫本改。

② 「子玉」，原作「子五」，據四庫本改。

③ 「二十五年」，「二」原作「一」，據四庫本改。

乙未[前626年]晉歸秦三帥。楚亂，世子商臣弑其君惲，①代立，是謂穆王。
丙申[前625年]秦伐晉，不利于彭衙。②
丁酉[前624年]秦伐晉，取王官。楚伐江，晉師來救。
戊戌[前623年]秦伐西戎，破國十二。楚滅江。
己亥[前622年]晉趙成子衰卒，③子盾繼事。楚滅六。
庚子[前621年]秦穆公卒，世子罃繼，是謂康公。葬穆公，三良爲殉。晉襄公卒。
辛丑[前620年]晉世子夷臯繼，是謂靈公。宋成公卒，④國亂，弟禦殺世子代立，⑤國人殺禦，立公子杵臼，⑥是謂昭公。齊率宋、衛、陳、鄭、許、曹之君會趙盾于扈。
壬寅[前619年]周襄王崩，太子壬臣嗣位，是謂頃王。
癸卯[前618年]周葬襄王。晉會諸侯人救鄭。秦伐晉，取武遂。

---

① 「弑」，四庫本作「殺」。
② 「彭衙」，原作「彭衛」，據四庫本改。
③ 「趙成子」，「成」原作「襄」，據四庫本改。
④ 「宋」，原作「衛」，據四庫本改。
⑤ 四庫本無「子」字。
⑥ 「立公」，四庫本作「公立」。

甲辰［前617年］晉伐秦，取少梁。秦伐晉，取北徵。①

乙巳［前616年］魯敗狄于鹹，獲其帥喬如。

丙午［前615年］秦伐晉，取羈馬。

丁未［前614年］楚穆王卒，世子莒繼，是謂莊王。

戊申［前613年］周頃王崩，國亂，公卿争權，晉趙盾平周亂而立王子班，是謂匡王。宋及諸侯盟于新城。齊昭公卒，國亂，公子商人殺世子舍，代立，是謂懿公。

己酉［前612年］秦伐蔡。齊伐魯。

庚戌［前611年］齊修郪丘之盟。宋人弑其君昭公，弟鮑立，是謂文公。楚滅庸。

辛亥［前610年］晉會衛、陳、鄭伐宋。

壬子［前609年］魯文公卒于臺下，襄仲殺世子惡而立公子佞，②是謂宣公，三桓專政。秦康公卒，世子稻繼，是謂共公。齊亂，大夫丙歜殺其君懿公，③立公子元，是謂惠公。宋亂，羣公子作難。

---

①「北」，四庫本作「比」。

②「佞」，原作「倐」，據四庫本改。

③「殺」，四庫本作「弑」。

癸丑［前608年］齊取魯濟西。①晉伐鄭。楚侵陳及宋。

甲寅［前607年］周匡王崩，弟瑜立，是謂定王。鄭敗宋師于大棘，獲其太宰華元。晉伐鄭。秦伐晉。晉趙盾弑其君靈公，迎襄公弟黑臀于周，立之，是謂成公。

乙卯［前606年］周葬匡王。楚伐陸渾之戎，遂觀兵于周郊。

丙辰［前605年］鄭亂，公子作難。

丁巳［前604年］晉伐陳以救鄭。秦共公卒，世子稻繼，②是謂桓公。

戊午［前603年］晉趙盾、衛孫免侵陳。

己未［前602年］晉會諸侯于黑壤。

庚申［前601年］晉伐秦。楚滅舒、蓼。

辛酉［前600年］晉侯會宋、衛、陳、鄭于扈，陳不至，遂伐陳。晉成公卒于扈，公子據立，是謂景公。趙盾卒，子朔繼事。

壬戌［前599年］齊歸魯濟西田。齊惠公卒，公子無野繼，③是謂頃公，大夫崔杼奔衛。陳亂，夏徵舒弑其君靈公。晉伐鄭，楚師來救。楚伐鄭，晉師來救。

---

① 「西」後，四庫本有「田」字。
② 「世子稻繼」，四庫本作「子繼」。
③ 「繼」，四庫本作「立」。

癸亥[前598年]楚伐陳，誅夏徵舒，納公孫寧、儀行父于陳。①

經世之午二千二百一十五

甲子[前597年]周定王十年。楚伐鄭，大敗晉師于河上。晉屠岸賈作難于下宫，殺趙朔及其族，朔妻匿于公宫，生武。

乙丑[前596年]楚伐宋。

丙寅[前595年]楚圍宋。

丁卯[前594年]周定王殺二伯。晉滅赤狄及潞氏。②

戊辰[前593年]周宣王榭火。③晉滅申氏，又平王室之亂。

己巳[前592年]晉會諸侯之君于斷道。

庚午[前591年]魯宣公卒，世子黑肱繼，是謂成公。晉伐齊。楚莊王卒，世子審繼，是謂共王。

辛未[前590年]周伐茅戎，不利。

---

①「儀」後，四庫本有「行父」二字。原脱，據四庫本補。
②「狄」，原作「伏」，據四庫本改。
③「周」，原作「楚」，據四庫本改。

壬申［前589年］齊伐衛，①敗魯、衛之師于新築。②晉會諸侯之師救衛，大敗齊師于鞌。③宋文公卒，子瑕繼，是謂共公，華元專國，兩盟于晉、楚。楚會十國之人于蜀。④

癸酉［前588年］晉會宋、衛、魯、曹伐鄭。鄭兩伐許。

甲戌［前587年］晉伐楚，救鄭。

乙亥［前586年］周定王崩，太子夷嗣位，是謂簡王。晉會齊、宋、衛、魯、鄭、曹、邾、杞八國之君，盟于蟲牢。楚伐鄭。

丙子［前585年］楚伐鄭，晉救鄭。是年，壽夢稱王于吴。

丁丑［前584年］晉會齊、宋、魯、衛、曹、邾、莒八國之君于馬陵以救鄭。吴王壽夢始通好中國。

戊寅［前583年］晉殺大夫趙同、趙括。⑤

己卯［前582年］晉會齊、宋、魯、衛、鄭、曹、邾、杞八國之君，盟于蒲。齊頃公卒，子環繼，是謂靈公。晉伐鄭。秦伐晉。楚伐莒，入鄆。

---

① 「伐」後，四庫本有「魯」字。

② 四庫本無「衛」字。

③ 「鞌」，原作「安革」二字，據四庫本改。

④ 「國之人于蜀」五字原脱，據四庫本補。

⑤ 「同趙括」三字原脱，據四庫本補。

庚辰［前581年］晉景公有疾，授世子州蒲位，①是謂厲公。景公卒，程嬰攻屠岸賈［于公宮］，②滅其族，復趙武、趙朔之封邑。程嬰請死。

辛巳［前580年］秦、晉修夾河之盟。③

壬午［前579年］晉、楚同盟于宋。晉敗狄于交剛。④

癸未［前578年］魯成公朝于周。晉會齊、宋、魯、衛、鄭、曹、邾、滕八國之師，⑤伐秦，敗之于麻遂。

甲申［前577年］秦桓公卒，子景公繼。⑥

乙酉［前576年］晉會諸侯之君于戚。宋共公卒，國亂，大司馬唐山殺世子肥，右師華元、左師魚石誅唐山，⑦而立公子成，是謂平公。楚遷許于葉。⑧吴大會諸侯之君于鍾離。

---

①「授世子」三字原脱，據四庫本補。
②「于公宫」三字原脱，據四庫本補。
③「夾河之盟」四字原脱，據四庫本補。
④「宋晉」二字原脱，據四庫本補。「宋」屬上讀，「晉」屬下讀。
⑤「晉會」二字原脱，據四庫本補。
⑥「公繼」二字原脱，據四庫本補。
⑦「左」，原作「右」；「魚石」，原作「子魚」，據四庫本改。
⑧「葉」，原作「業」，據四庫本改。

丙戌[前575年]晉伐鄭，大敗楚師于鄢陵。①楚救鄭，不克，矢中王目，誅令尹側。

丁亥[前574年]晉會諸侯，盟于柯陵。是年，晉殺三郤。

戊子[前573年]晉亂，欒書弒其君厲公，迎公子周于周，立之，是謂悼公。魯成公卒，子午繼，是謂襄公。楚會鄭伐宋，入彭城。②晉侯會宋公、魯仲孫蔑、衛侯、邾子、齊崔杼，同盟于虚朾。③

己丑[前572年]周簡王崩，太子泄心嗣位，是謂靈王。晉會諸侯之師伐宋，圍彭城。

庚寅[前571年]周葬簡王。晉伐鄭，會諸侯之師于戚，以城虎牢。

辛卯[前570年]晉會八國之君，盟于雞澤。楚伐吴，至于衡山。

壬辰[前569年]晉用魏絳。楚伐陳。

癸巳[前568年]晉會諸國之師于戚城，④又救陳。吴會魯、衛之君于善道。

經世之未二千二百一十六

甲午[前567年]周靈王五年。

---

① 「鄢」，原作「鄂」，據四庫本改。
② 四庫本無「入」字。
③ 「虚朾」，原作「虚杼」，據四庫本改。
④ 「國」，四庫本作「侯」。

乙未［前566年］晉會七國之君于鄬。
丙申［前565年］晉會諸國之君于邢丘。鄭子駟殺羣公子。
丁酉［前564年］秦伐晉。晉會十一國之君伐鄭，楚亦伐鄭。鄭兩盟晉、楚。
戊戌［前563年］晉率十一國之君會吴壽夢于柤，①以滅偪陽。②又會十一國之師伐鄭，又伐秦。楚伐宋，又救鄭。
己亥［前562年］晉兩會十一國之師伐鄭，賜魏絳食采安邑。秦伐晉，救鄭。魯三桓分軍。楚伐鄭，又伐宋。
庚子［前561年］楚會秦伐宋。吴壽夢卒，長子諸樊繼。
辛丑［前560年］楚共王卒，③子昭廢世子，代立，是謂康王。吴伐楚，不利。
壬寅［前559年］晉率齊、宋、魯、衛、鄭、曹、莒、邾、滕、薛、杞、小邾十二國之君，會吴諸樊于向，④又會諸侯之師伐秦。衛亂，孫林父、甯殖作難，⑤衛侯出奔齊。楚伐吴，有功。

① 「柤」，原作「租」，據四庫本改。
② 「偪陽」，原作「逼陽」，據四庫本改。
③ 「王」，原作「公」，據四庫本改。
④ 「向」，原作「衛」，據四庫本改。
⑤ 「甯殖」，原作「甯桓」，據四庫本改。

癸卯［前558年］晉悼公卒，子彪繼，是謂平公。

甲辰［前557年］晉侯會宋、魯、衛、鄭、曹、莒、邾、薛、杞、小邾十國之君，盟于溴梁，①執莒子、邾子以歸。又伐楚，至于方城。

乙巳

丙午［前555年］晉用范、中行，會宋、衛、魯、鄭、曹、莒、邾、滕、杞、小邾十一國之師伐齊，②敗之于靡下，進圍臨淄，齊靈公奔莒。

丁未［前554年］齊廢世子光，以公子牙爲世子，崔杼復廢牙，立光爲世子。靈公卒，光繼，是謂莊公，崔杼當國。鄭簡公誅大夫子孔，③以子産當國。

戊申［前553年］晉侯會十二國之君，④盟于澶淵。

己酉［前552年］晉侯會八國諸侯，盟于商壬。欒盈奔楚。

庚戌［前551年］晉會十一國之君，盟于沙隨。楚殺令尹子南。晉欒盈自楚適齊。

辛亥［前550年］欒盈自齊復入于晉，不克，死。范、中行滅欒氏之族。齊伐晉，取朝歌。

---

① 「溴梁」，「溴」原作「大」，四庫本作「溴」，據《左傳》襄十六年改。
② 「滕」後，四庫本有「薛」字。
③ 「子孔」，原作「子札」，據四庫本改。
④ 「十二」，原作「十一」，據四庫本改。

壬子［前549年］晉會十二國之君于夷儀。楚伐吴，又會諸侯伐鄭。①

癸丑［前548年］齊亂，崔子弑其君莊公，②立異母弟杵臼，是謂景公，崔杼爲右相，慶封爲左相。晉敗齊師于高唐。③楚會陳伐鄭及滅舒鳩。吴伐楚，不利，諸樊死，弟餘祭立，封季札于延陵。

甲寅［前547年］衛亂，甯喜、孫林父争權，林父不勝，奔晉，甯喜弑其君剽。晉執甯喜，求衛侯于齊而納之，④封林父于宿。齊慶封夷崔杼族而專國。鄭封子産六邑。⑤楚會陳、蔡伐鄭。

乙卯［前546年］晉用趙武爲正卿，是謂文子，與韓宣子起、魏武子絳同執國命，⑥會諸侯大夫于宋。⑦衛誅甯喜。晉、楚、齊、秦同會于宋，⑧從向戌之請，將弭兵也。⑨

丙辰［前545年］周靈王崩，太子貴嗣位，是謂景王。齊慶封弛政，其子舍及田、鮑、高、欒之徒逐

---

① 「會諸侯」三字，原在「楚」後，據四庫本改。
② 「子」，四庫本作「杼」。
③ 「唐」，四庫本作「堂」。
④ 「侯于」原作「公子」，據四庫本改。
⑤ 「鄭」，據四庫本補。
⑥ 「國命」二字原脱，據四庫本補。
⑦ 「侯」後，四庫本有「之」字。
⑧ 「會」下原有「兵」字，據四庫本删。
⑨ 「也」，原誤作「步」，據四庫本改。

之，慶封奔魯，又適吴。楚康王卒，世子麇繼，是謂郟敖。

丁巳［前544年］晉智伯會十國諸侯人城杞。①楚用叔圍爲令尹。吴亂，餘祭遇弒，②弟餘昧立。季札使魯、齊、鄭、晉。

戊午［前543年］蔡亂，世子弒其君，代立。鄭亂，羣公子争寵。宋災。晉會諸侯人于澶淵。③

己未［前542年］魯襄公卒，世子又卒，④國人立齊歸之子裯，⑤是謂昭公，季武子專政。⑥

庚申［前541年］晉趙武會諸國之大夫于虢。⑦楚亂，令尹圍弒其君麇，代立，是謂靈王，公子比奔晉，薳罷爲令尹。

辛酉［前540年］晉韓宣子起使魯。

壬戌［前539年］魯昭公朝晉。齊晏嬰使晉。鄭伯朝晉，⑧又朝楚。

---

①「人」，四庫本作「入」。
②「遇弒」，原作「過蔡」，據四庫本改。
③「人于澶淵」四字原脱，據四庫本補。
④「公卒世子又」五字原脱，據四庫本補。「公卒」屬上讀，「世子又」屬下讀。
⑤「裯」，原作「惆」，四庫本作「裯」，據《左傳》襄公三十一年改。
⑥「子專政」三字原脱，據四庫本補。
⑦「國」，四庫本作「侯」。
⑧「伯」，原作「侯」，據四庫本改。

癸亥[前538年]楚會十一國之君于申，執徐子于會，又會七國諸侯師伐吴之朱方以誅齊慶封。①吴拔楚三邑。

經世之申二千二百一十七

甲子[前537年]周景王八年。楚會諸侯伐吴。秦景公卒，世子繼，是謂哀公。

乙丑[前536年]齊北伐燕。楚東伐吴，吴敗楚師于乾谿。②

丙寅[前535年]楚起章華臺。③

丁卯[前534年]楚滅陳，執其公子招，放之于越。

戊辰

己巳[前532年]晉平公卒，世子夷繼，是謂昭公。④齊陳、鮑逐欒、高氏于魯，⑤分其室。

庚午[前531年]晉韓起會齊、宋、魯、衛、鄭、曹、杞之大夫于厥憖。⑥楚誘蔡侯于申，殺之，公子棄疾滅蔡，守之，執其世子有歸，用之。

① 四庫本無「師」字。「朱方」二字原脱，據四庫本補。
② 四庫本無「吴」字。
③ 「起章華臺」四字原脱，據四庫本補。
④ 「昭」，原作「元」，據四庫本改。後同。
⑤ 「魯」，原作「晉」，據四庫本改。
⑥ 「之」，原作「邾」，據四庫本改。

辛未[前530年]魯朝晉。楚伐徐。

壬申[前529年]晉昭公會齊、衛、鄭、曹、莒、邾、滕、薛、杞、小邾之君，盟于平丘，①魯不得與，執季孫意如以歸。楚公子比自晉歸，弑其君于乾谿。公子棄疾自蔡入，殺比代立，是謂平王。釋陳、蔡二君歸國。吴滅州來。

癸酉[前528年]楚復諸侯侵地，觀從用政。

甲戌[前527年]晉伐鮮虞。楚費無忌爲太子建逆婦于秦。吴餘昧卒，季札逃，國人立餘昧子僚。

乙亥[前526年]晉昭公卒，子去疾立，是謂頃公。楚誘戎蠻子，殺之。

丙子[前525年]晉滅陸渾之戎。吴伐楚。

丁丑[前524年]周鑄大錢。宋、衛、陳、鄭災。②楚遷許于白羽。

戊寅[前523年]楚用費無忌專政，放太子建于城父。

己卯[前522年]齊景公與大夫晏嬰入魯，問禮。宋有華氏之難，大夫華亥、華定、向寧奔陳。楚世子建自城父奔宋，又適鄭，又適晉。其傅伍奢及其一子死于楚，子員奔吴。③

---

①「平」，原作「靈」，據四庫本改。
②「災」，原作「吴」，據四庫本改。
③自「其傅伍奢」至句末，四庫本作「楚殺其傅伍奢及其子尚，伍員奔吴」。

庚辰［前521年］宋華亥、華定、向寧入宋南里，叛。

辛巳［前520年］周景王崩，葬景王，王室亂，三王子争國，國人立猛，是謂悼王。王子朝殺猛，代立，晉逐朝而入丐，是謂敬王。宋華亥、華定、向寧奔楚。楚世子建及晉師襲鄭，①不克，死，其子勝奔吴。

壬午［前519年］召氏、尹氏入王子朝于成周，單子、劉子以王出居狄泉。②楚徙都鄂，囊瓦子常爲令尹。吴伐楚，敗陳、蔡、頓、胡、沈之師于雞父，滅胡、沈，獲陳夏齧，楚建之子勝啓之也。

癸未［前518年］楚城郢。吴公子光伐楚，拔巢及鍾離，二女争桑故也。③

甲申［前517年］魯有三桓之難，④昭公奔齊，齊景公唁之于野井。晉趙鞅會宋、魯、衛、曹、邾、滕、薛、小邾之人于黄父。⑤

乙酉［前516年］晉趙鞅會諸侯之師，入王于成周，召、尹二氏之族以王子朝奔楚。楚平王卒，世

---

① 四庫本無「楚」字。
② 「居」，四庫本作「奔」。
③ 「女」，四庫本作「子」。
④ 「三桓」，四庫本作「二王」。
⑤ 「黄」，四庫本作「冀」。

子珍繼，①是謂昭王。

丙戌［前515年］晉韓、趙、魏三家大滅公族祁氏、羊舌氏，分其地。②楚令尹子常殺費無忌。③吴季札使晉。公子光弑其君僚，代立，是謂闔廬，專諸、伍員爲相。

丁亥［前514年］魯昭公自鄆如晉，次于乾侯。楚大夫伯嚭奔吴。

戊子

己丑［前512年］晉頃公卒，世子午繼，是謂定公。④吴滅徐以侵楚。

庚寅［前511年］晉定公使大夫荀躒納魯昭公，不克。吴伐楚，拔舒。

辛卯［前510年］晉韓不信會齊、宋、魯、衛、曹、鄭、莒、薛、杞、小邾之師，⑤城成周。魯昭公卒于乾侯，三桓立其弟宋，是謂定公。吴伐越。

壬辰［前509年］晉人執宋仲幾于京師。楚令尹子常敗吴師于豫章。

癸巳［前508年］吴敗楚師于豫章。

---

① 「珍」，四庫本作「軫」。
② 「分」，原作「外」，據四庫本改。
③ 「殺」，四庫本作「誅」。
④ 「公」，原作「侯」，據四庫本改。
⑤ 四庫本無「衛」字。「鄭」字據四庫本補。「杞」原作「祀」，據四庫本改。

經世之酉二千二百一十八

甲午[前507年]周敬王十三年。

乙未[前506年]晉定公會劉子宋、蔡、魯、衛、陳、鄭、許、曹、莒、邾、頓、胡、滕、薛、杞、小邾之君及齊大夫于召陵,①以伐楚。楚昭王北伐蔡。②吴師入郢,令尹子常奔鄭,昭王奔鄖,又奔隨,使申包胥求救于秦。許徙居容城。吴王闔廬敗楚師于柏舉,五戰及郢,遂入其國,燒其宫,平其基,③伍子胥啓之也。④

丙申[前505年]魯陽虎囚季桓子。⑤秦救楚,敗吴師于稷。楚昭王自鄖復歸于郢,封吴夫概于堂谿。越乘虚破吴,入其國。吴王弟夫概自堂谿亡歸,代立,闔廬逐夫概,概奔楚。

丁酉[前504年]周有儋翩之難,王出居姑蕕。⑥楚去郢,復都鄀。鄭滅許。

戊戌[前503年]晉師入周敬王于成周。齊取鄆爲陽虎邑。

---

①「劉子」二字,據四庫本補。
②「王」,四庫本作「公」。
③「基」,四庫本作「墓」。
④「啓」,四庫本作「爲」。
⑤「魯陽虎囚季桓子」,四庫本作「魯陽貨囚季氏」。
⑥「蕕」,四庫本作「猶」。

己亥［前502年］魯有陽虎之難，攻三桓，不克，竊寶玉、大弓走陽關。①

庚子［前501年］秦哀公卒，子惠公繼。

辛丑［前500年］魯以孔丘爲司寇，從定公會齊景公于夾谷。齊復魯侵地，晏嬰在會。

壬寅［前499年］宋公之弟辰及大夫仲佗、石彄、公子地自陳入于蕭以叛。②鄭子産卒。

癸卯［前498年］孔子去魯，適衛。

甲辰［前497］魯孔子在衛。晉六卿相攻。

乙巳［前496年］衛世子蒯聵奔宋。魯孔子自衛之宋，又如陳。楚會吴伐陳，滅頓。吴王闔廬伐越，不利，死，子夫差立，以伯嚭爲太宰。是年，於越勾踐敗吴師于檇李，③稱王于會稽。

丙午［前495年］魯定公卒，子蔣繼，是謂哀公。楚滅胡。

丁未［前494年］晉趙鞅圍范、中行氏于朝歌，中行走邯鄲。楚會陳、隨、許圍蔡。吴敗越于夫椒，伏而釋之。越王勾踐伐吴不利，使大夫文種行成委質以臣妾，遂棲于會稽。

戊申［前493年］衛靈公卒，其孫輒立。晉趙鞅會陽虎，以師入衛世子蒯聵，不克，居之于戚城。魯孔子復過宋。楚伐蔡。吴徙蔡于州來。於越范蠡歸國。

①「關」，原作「開」，據四庫本改。
②「佗」，四庫本作「陀」。
③「於越」，原作「放越」，據四庫本改。後同。

己酉［前492年］秦惠公卒，子悼公繼。魯孔子在陳。

庚戌［前491年］魯孔子之蔡。

辛亥［前490年］齊伐宋。晉伐衛。齊景公卒，子荼繼，是謂孺子。晉韓、趙、魏敗范、中行氏于邯鄲。

壬子［前489年］齊亂，田乞弑其君孺子，迎公子陽生于魯，而立之，是謂悼公。高昭子死，國惠子奔莒。魯孔子復至陳。楚昭王救陳，軍于城父，卒于師，世子章繼，是謂惠王。吴伐陳。魯伐邾。宋伐曹。

癸丑［前488年］吴會魯于鄫，以伐齊，徵百牢于魯。

甲寅［前487年］宋滅曹。楚令尹子西召平王世子建之子勝于吴，以爲巢大夫，號白公。吴伐魯，盟于城下而還。

乙卯［前486年］宋伐鄭。楚伐陳。吴伐齊。

丙辰［前485年］齊田乞卒，子常繼事，是謂成子。齊亂，鮑子弑其君悼公，立其子壬，是謂簡公，田常專國。魯孔子自陳復至于衛。楚伐陳。吴會魯伐齊，以救陳，殺大夫伍員。

丁巳［前484年］孔子自衛返魯。子貢使齊及吴、越、晉。齊伐魯，吴救魯，敗齊師于艾陵。越伐吴。①

戊午［前483年］楚白公勝復奔吴，子西復召之。吴會魯、衛之君于橐皋，移兵攻晉。

己未［前482年］晉定公及諸侯會吴夫差于黄池。越伐吴，入其郛，執其世子友而還。

庚申［前481年］魯西狩獲麟。齊田常殺相闞止及弑其君簡公于舒州，②立其弟驁，是謂平公，割安平以東自爲湯邑。③孔子于魯請討，④不克。秦悼公卒，子厲公繼。晉伐鄭。宋桓魋出奔衛，又奔齊。楚巢大夫白公勝殺令尹子西，逐其君，代立。

辛酉［前480年］魯使子服景伯使齊，子貢爲介，齊歸魯侵地。衛世子蒯聵自戚入，是謂莊公。輒出奔魯。楚葉公以兵入誅白公，而迎章復位，滅陳而縣之。

壬戌［前479年］魯孔子卒。

癸亥［前478年］晉伐衛，莊公出奔，國人立公子班師。齊伐衛，執班師而立公子起。越敗吴師于笠澤。

經世之戌二千二百一十九

---

①「伐」，四庫本作「朝」。

②「舒州」，原作「徐州」，據四庫本改。

③「湯」，四庫本作「封」。

④四庫本無「于魯」二字。

甲子［前477年］周敬王四十三年。衛石圃逐其君起，①而迎輒復位，起奔齊。

乙丑［前476年］周敬王崩，太子嗣位，是謂元王。齊田常卒，子盤繼事，是謂襄子。吴會齊、晉之師伐楚。越伐吴。

丙寅［前475年］晉定公卒，子鑿繼之。知伯伐鄭，取九邑。越人伐吴。

丁卯［前474年］越伐吴，圍其國。

戊辰［前473年］越滅吴，破姑蘇，②殺其王并其大夫，北會諸侯于徐州，③致貢于周，太宰范蠡辭禄游五湖，殺大夫文種，遂兼有吴地。

己巳

庚午

辛未［前470年］周元王崩，太子介嗣位，是謂貞定王。

壬申

癸酉［前468年］魯季康子卒，三桓作難，弑其君哀公，立其子寧，是謂悼公。

甲戌

---

①「石圃」，原作「石國」，據四庫本改。

②「破」，原作「被」，據四庫本改。

③ 四庫無「州」字。

乙亥
丙子
丁丑[前464年]晉伐鄭。
戊寅
己卯
庚辰[前461年]秦伐大荔。
辛巳
壬午
癸未[前458年]晉趙簡子鞅卒，子毋卹繼事，①是謂襄子，同智伯、韓康子、魏桓子滅范、中行氏，②四分其地及逐其君，立公孫驕，是謂哀公。秦取晉武城。
甲申[前457年]晉伐秦，復武城。
乙酉[前456年]齊平公卒，子積繼，是謂靈公。晉智伯及韓、魏二家兵攻趙襄子于晉陽。
丙戌[前455年]晉三家兵圍晉陽。

① 「子毋卹繼事」，四庫本作「子毋卹繼」。
② 「智」，四庫本作「知」。

丁亥[前454年]晉韓康子、魏桓子復合趙襄子之兵攻智伯，滅之于晉陽，三分其地。齊田盤卒，子白繼事，是謂莊子。

戊子

己丑

庚寅

辛卯

壬辰

癸巳

經世之亥二千二百二十

甲午[前447年]周貞定王二十三年。楚滅蔡。

乙未[前446年]秦厲公卒，子躁公繼。

丙申[前445年]秦伐義渠，虜其王以歸。①楚滅杞，東開地至泗上。

丁酉

戊戌

① 「虜」，四庫本作「獲」。

己亥［前442年］周貞定王崩，太子去疾嗣位，是謂哀王，王叔襲殺哀王，①代立，是謂思王。
庚子［前441年］周亂，弟少嵬殺其王叔，代立，是謂考王。
辛丑［前440年］晉哀公卒，②子柳繼，是謂幽公，公室止有絳及曲沃。
壬寅
癸卯
甲辰
乙巳
丙午
丁未
戊申
己酉［前432年］秦躁公卒，弟懷公立。③楚惠王卒，子中繼，是謂簡王。
庚戌［前431年］魯悼公卒，子元公繼。楚滅莒。
辛亥

①「王」，原作「三」，據四庫本改。
②「卒」，四庫本作「疾」。
③「公」，四庫本作「王」。

壬子
癸丑［前428年］秦庶長鼂弑其君懷公，立躁公孫，是謂靈公。
甲寅
乙卯［前426年］周考王崩，太子午嗣位，是謂威烈王。河南惠公封其少子于鞏，稱東周君。
丙辰［前425年］晉趙襄子卒，兄之子浣繼事，是謂獻子，治中牟。襄子弟桓子逐獻子，代立。韓康子卒，子武子繼事。魏桓子卒，子斯繼事，是謂文侯。
丁巳［前424年］趙桓子卒，國人殺其子而迎獻子復位。
戊午［前423年］秦攻魏少梁。
己未［前422年］秦作上下時。
庚申
辛酉［前420年］魏文侯殺晉幽公，立其弟止，是謂烈公。
壬戌
癸亥